Rolf H. Bay · Teams effizient führen

Dr. rer. pol. Rolf H. Bay

Teams effizient führen

Teamarbeit – Teamentwicklung –

TQM im Team

Vogel Buchverlag

Dr. rer. pol. ROLF H. BAY
Jahrgang 1950, studierte zunächst an der FH Köln Betriebswirtschaftslehre mit den Schwerpunkten Absatz- und Personalwirtschaft; später dann an der Universität Köln Betriebswirtschaftslehre, Wirtschaftspädagogik und Wirtschafts- und Sozialpsychologie. Während seiner Zeit als wissenschaftlicher Mitarbeiter am Institut für Sozialpsychologie promovierte er 1980.
Nach mehrjähriger Tätigkeit in einer Unternehmensberatung erfolgte 1986 die Gründung von PROFIL-TRAINING. Seine Arbeitsschwerpunkte sind Management-Trainings, Kommunikationspsychologie, Ausbildung von Trainern, Teamentwicklung, Qualitätsmanagement und systemische Unternehmens- und Organisationsentwicklung.
Regelmäßige Veröffentlichungen in den aufgeführten Arbeitsbereichen begleiten seine praktische Arbeit.

Für Steffi und Carolin, die nun erwachsen werden. Möge ihr weiteres Leben ein glücklicher und erfüllter Prozeß persönlichen Wachsens sein.

Die Deutsche Bibliothek – CIP-Einheitsaufnahme

Bay, Rolf H.:
Teams effizient führen: Teamarbeit – Teamentwicklung – TQM im Team / Rolf H. Bay. – 1. Aufl. –
Würzburg: Vogel 1998
ISBN 3-8023-1599-5

ISBN 3-8023-1599-5
1. Auflage. 1998

Printed in Germany

Umschlaggrafik: Michael M. Kappenstein, Frankfurt
Herstellung: dtp-project, N. Sandoval-Pfister, 97222 Rimpar

Vorwort

Nichts ist mehr so wie früher, und nichts wird mehr so sein. Diese Erkenntnis verspüren heute fast alle Unternehmen, die im Zuge der schlanken Organisation, offensiven Kundenorientierung und konsequenten Qualitätsausrichtung neue Formen des Arbeitens finden müssen. So kommt es, daß in der Hinwendung zur Teamarbeit die praktikable Antwort auf den unabwendbaren Veränderungsdruck gesucht wird.

Nach fast drei Jahrzehnten der Charismatisierung individueller Leistungsfähigkeit und dem daraus sich ergebenden Perfektionierungsansatz an Einzelpersönlichkeiten erleben wir seit etlichen Jahren einen massiven Musterwechsel: weg vom hochdekorierten Einzelkämpfer, hin zum teamorientierten Mitstreiter. Und hier gibt es mehr Probleme, als die meisten Beteiligten glauben, denken oder wahrhaben wollen, denn Musterveränderungen vollzieht man nicht im Stil eines Kurzstreckensprinters.

Dieses Buch ist aus der langjährigen Arbeit mit Hunderten von teilautonomen Arbeitsgruppen, Qualitätszirkeln, Projektteams und Arbeitsteams entstanden. Es ist aus der Praxis und für die Praxis geschrieben und soll all jenen helfen, die Teams leiten sollen oder in Teams arbeiten und dafür einfache und erprobte Orientierungs- und Arbeitshilfen suchen. Demzufolge steht nicht Theorieorientierung, sondern Handlungsorientierung an erster Stelle. Das Team wird die Organisationsform der Wahl in modernen Unternehmen. Die Devise heißt: Lean und fit mit Teams!

Im ersten Kapitel betrachten wir die wesentlichen Grundlagen des Arbeitens in Teams. Dabei werden u.a. folgende Aspekte behandelt: Was macht ein Team überhaupt zu einem Team? Welche Entwicklungsstufen muß jedes Team zwangsläufig durchlaufen? Welche Erscheinungsformen von Teams gibt es? Was sind die Erfolgsfaktoren für Teamarbeit?

Teams sind keine Instant-Produkte nach dem Motto: anrühren und fertig! Die Einführung von Teamarbeit ist weit mehr als ein organisatorischer Akt. Es geht ganz generell um tiefgreifende Veränderungen der Führungsrolle: weg vom strukturell-hierarchischen, hin zum prozeßorientierten Führen. Dort, wo man Total Quality Management (TQM) umsetzt, sind Teams nicht mehr wegzudenken. Der TQM-Ansatz prägt denn auch die Teamführung im Sinne eines kundenorientierten Prozesses mit permanent zu verbessernder Wertschöpfung. Was das im einzelnen für die Teamführung bedeutet und welche Kompetenzen der Teamleiter dafür benötigt, wird ausführlich im zweiten Kapitel dargestellt.

Will man Teamarbeit ernsthaft betreiben, dann liegt ein Schlüsselelement in der kontinuierlichen Kompetenzentwicklung aller Team-Mitglieder. Dieser wichtige Aspekt ist Gegenstand des dritten Kapitels. Dort erfahren Sie, wie man zu einer Prozeß-Befähigungs-Matrix kommt und wie permanentes Team-Training praxisnah gestaltet wird.

Beim Begriff «Team» denken sicherlich einige sofort an das Basketball-Dream-Team der USA. Perfektion, blindes Verständnis untereinander und Erfolg auf Erfolg zeichnen dieses Team aus. Wer möchte das nicht auch im normalen Arbeitsteam? Damit Sie möglichst sicher dorthin kommen, erhalten Sie im vierten Kapitel praxisnahe Anregungen für die Gestaltung und Steuerung der wichtigsten Kernprozesse im Team. Anhand zahlreicher Beispiele werden zu allen Kernprozessen die anzuwendenden Methoden dargestellt.

Im fünften Kapitel geht es schließlich um das Arbeiten in Projektteams. Sie werden vertraut gemacht mit den Besonderheiten von Projektteams und erfahren u.a. das Wichtigste über Projektleitung, Projektorganisation, Projektplanung sowie die vielfältigen Erwartungen, die mit der Projektteamleiter-Rolle verknüpft werden.

Es ist mir besonders wichtig, an dieser Stelle ein herzliches Dankeschön all jenen zu sagen, die mir ihr Vertrauen für die Arbeit mit ihren Mitarbeitern geschenkt haben. In vielen Diskussionen, Projekten und Workshops hat dieses Buch durch ihre Mithilfe Gestalt angenommen. Ich reiche die Früchte dieser Arbeit an Sie, den Leser, in der Hoffnung auf erfolgreiche Anwendung weiter.

Wiehl Dr. Rolf H. Bay

Inhaltsverzeichnis

Kapitel 1

TEAMS – DATEN, FAKTEN, HINTERGRÜNDE ZUR TEAMARBEIT

Der Trend zu Teams – Folge eines Paradigmawechsels

Seit etlichen Jahren beobachten wir ein stetiges Ansteigen teamorientierter Arbeitsformen in vielen Unternehmen. Nun könnte man meinen, daß dies eine saisonale Zeitgeisterscheinung oder modische Episode sei, aber weit gefehlt: Wir haben es mit einem grundlegenden Paradigmawechsel zu tun [1].

Ein solcher Paradigmawechsel besteht im wesentlichen darin, daß ein bisher für funktionsfähig gehaltenes Struktur- bzw. Erklärungsmuster zunehmend in die Kritik gerät, um dann in der Folgezeit durch ein anderes abgelöst zu werden. Dabei erleben wir gemeinhin das, was als Krisensituation bezeichnet wird, begleitet durch u.U. sehr kontroverse Diskussionen.

Und genau diesen Prozeß erleben wir, beginnend ab etwa Mitte der achtziger Jahre, mit gehöriger Tempoverschärfung bis heute. Was aber genau wurde denn nun abgelöst?

In die Krise geraten ist ein Arbeits- und in der Folge auch Organisationsmodell, das nach seinem Begründer F. W. TAYLOR als «Taylorismus» benannt wurde [2]. Seine Überlegungen zur wissenschaftlichen Betriebsführung haben die Gestaltung der realen Arbeitsstrukturen enorm beeinflußt. Das Credo seines Modells liegt in der Fragmentierung der Arbeit, so daß ein Mitarbeiter möglichst perfekt möglichst eng definierte Arbeiten ausführt, was in der Massenproduktion eine Reduktion der Arbeit auf einzelne, zum Teil sinnentleerte Handgriffe bedeutet.

Hochgradige Arbeitsteilung mit einhergehender streng hierarchisch aufgebauter Führungsorganisation sollten ein Höchstmaß an Produktivität garantieren, was ja auch lange Zeit ganz ordentlich funktioniert hat.

Viele Unternehmen, speziell solche mit Massenproduktion (Fließbandfertigung), haben das arbeitsteilige Organisationsprinzip allerdings so perfektioniert, daß dabei kolossale Gebilde entstanden: große, unbewegliche, langsame, in viele Hierarchiestufen gegliederte Unternehmen. Solchermaßen gestaltete Wirtschaftsgebilde funktionieren – einzelwirtschaftlich betrachtet – unter den Bedingungen eines gesicherten Wachstums und einer stabilen, sprich änderungslangsamen Umwelt.

Diese Prämissen gelten (eigentlich schon ab den ersten ernstzunehmenden Konjunkturkrisen der siebziger Jahre) heute nicht mehr. Immer mehr Unternehmen sterben deshalb am «Dinosaurier-Syndrom», d.h. an ihrer Langsamkeit, Unbeweglichkeit und ausgeprägten Änderungsresistenz.

Die Welt hat sich in kurzer Zeit ganz grundlegend verändert, und nichts wird mehr so sein, wie es einmal war. Ein teilweise scherzhaft gemeinter Ausspruch ist Realität geworden: «Nichts ist so beständig wie der Wandel.»

Die Gründe für den Zwang zum Wandel sind vielschichtig [3, 4]; die wichtigsten lauten wie folgt:

- Verknappung der Zeit. Wir leben in einem existentiellen Zeitvernichtungswettbewerb: Wer zu spät kommt, den bestraft der Markt!;
- gesättigte Märkte und härter werdender Verdrängungswettbewerb mit Globalisierungseffekt;
- tiefgreifender struktureller Wandel mit sogenannten «schlanken Organisationen» und einem Trend zur Dienstleistungs- und Kommunikationsgesellschaft;

- hoher Innovationsdruck durch zunehmende Individualisierung auf der Kundenseite;
- steigende Komplexität und Vernetzung;
- gravierender Wertewandel in der Gesellschaft (Trends zur Erlebnis- und Freizeitgestaltung, zunehmender Individualismus und Fortschrittskritik usw.);
- rasante technologische Entwicklung durch Computerisierung, Automatisierung usw.;
- deutlich verändertes Umweltbewußtsein.

So gravierend wie seit Ende der achtziger Jahre haben sich die Rahmenbedingungen für Unternehmen und Management in der Nachkriegszeit noch nie verändert. Für die Unternehmen bedeutet dies, daß sie so kostengünstig wie nie produzieren, ein hohes Maß an Kundenorientierung realisieren sowie qualitativ und innovativ führend sein müssen.

Mit einer auf hierarchischer Über- und Unterordnung aufgebauten Unternehmensstruktur sind diese Herausforderungen nicht mehr zu schaffen. Damit ist keineswegs das Ende der Hierarchie eingeläutet, aber eine deutlich flachere Hierarchie tut not. Zurecht weist MÜLLER [5] darauf hin, daß es auch unternehmensintern eine Reihe von Krisenfaktoren gibt, die die Überlebensfähigkeit in turbulenten Zeiten dramatisch verschlechtern können, wie z.B. mangelndes Kostenbewußtsein bei Unternehmen mit jahrelangem Wachstum, interner Bürokratismus mit teilweise planwirtschaftlichen Strukturen, blühende Mißtrauenskulturen mit eingeengten Handlungsspielräumen und mangelnder Einbeziehung von Mitarbeitern.

In vielen Unternehmen und bei vielen Managern scheint immer noch die jahrelang gepflegte «Illusion der Unverwundbarkeit» vorhanden zu sein. Mit Fug und Recht meinen HAMMER und CHAMPY deshalb, daß *«Unternehmen und ihre Mitarbeiter viele Grundsätze und Verfahren 'verlernen' müssen, die ihnen so lange Erfolg brachten»* [6].

Eine Reihe von Unternehmen haben bereits auf die Herausforderungen reagiert, sich aus den Ruinen ihrer liebgewonnenen Gewohnheiten erhoben, und mit dem (teils radikalen) Umbau ihrer Organisation begonnen.

Die dabei vorgenommenen Restrukturierungen beziehen sich im wesentlichen auf zwei Faktoren. Zum einen erfolgt eine deutliche Verringerung der Hierarchiestufen; zum zweiten wird eine prozeßorientierte Arbeitsorganisation eingeführt. Die Vorbilder dafür sind vor allem in japanischen Großunternehmen zu finden, speziell jenen der Automobilbranche.

Allen Restrukturierungen gemeinsam ist die Einführung von Teamarbeit. Für WOMACK u.a. «ist es schließlich das dynamische Arbeitsteam, das sich als Herz der schlanken Fabrik entpuppt» [7]. Andere sehen im Team generell die Organisationsform der modernen Unternehmen: «Wir sind der Überzeugung, daß das Team (...) die grundlegende Leistungseinheit für die meisten Organisationen sein sollte, unabhängig von deren Größe» [8].

Nun sind Teamkonzepte nicht unumstritten, was nicht wundert, handelt es sich doch um einen so tiefgreifenden Musterwechsel in der Führungs- und Arbeitsorganisation. Betroffen davon sind vor allem die Führungskräfte, denen Team-Management ein völlig neues Führungsverhalten abverlangt, worauf im weiteren ja noch ausführlich eingegangen wird.

Selbstkritisch ist zu sagen, daß mit der Einführung von Teamarbeitskonzepten viele soziale Aspekte noch nicht befriedigend beantwortet sind: Was macht man mit nicht teamfähigen Mitarbeitern? Wie sieht es mit den Aufstiegs- und Karrierechancen in einer Teamorganisation aus [9]?

Und vielfach plant sich Teamarbeit leichter, als sie dann in der Unternehmensrealität durchzusetzen ist. Aber ist es nicht immer so, daß das Denken Produkt der Vernunft ist und die Unlogik auf dem Weg der Umsetzung dazukommt?

Sicherlich sind die neunziger Jahre das Jahrzehnt der Unternehmensrestrukturierungen, und wir werden viele Beispiele gelungener, aber auch mißlungener Versuche [10] mit Teamarbeit finden. Trotzdem heißt es: It's Team-Time! Also packen wir's an und nutzen das vielfältige Chancenpotential des neuen, herausfordernden Weges.

Was ist ein Team?

Im Management gibt es immer wieder Modewörter. Vor einiger Zeit war es das Wort «Strategie» – plötzlich war alles strategisch zu sehen. Momentan sind «Team» und «Teamarbeit» zu Modewörtern avanciert.

Viele Führungskräfte sprechen davon, daß in «ihrem Team» ein gutes/schlechtes Klima herrscht und die Team-Meetings dementsprechend funktionieren. Tatsächlich ist aber gar kein Team vorhanden, weil es sich um eine bunt gemischte Truppe vertrieblicher Einzelkämpfer handelt. Man hört aber: Das Vokabular wird beherrscht!

Kürzlich bat ein Geschäftsführer darum, in einem Training doch noch mal ausdrücklich den Wunsch der Geschäftsleitung nach verstärkter Teamarbeit «rüberzubringen», obwohl die ganze Organisation streng nach Linienmanagementprinzip konstruiert ist.

Vor einigen Jahren kam die deutsche Geschäftsleitung von dem quartalsmäßigen Meeting der amerikanischen Mutter zurück und verkündete: «Ab sofort wird in Teams gearbeitet. Wir wollen keine Probleme mehr nach oben gespült bekommen, ihr sollt das jetzt in Teams lösen.» Natürlich war der Versuch ein Schlag ins Wasser und die Idee der Teamarbeit erst mal «verbrannte Erde».

Die Beispiele zeigen, daß hier Teambildung und Teamarbeit gründlich mißverstanden wurden. Weder Appelle zu mehr Teamdenken noch das Befehlen, in Teams zu arbeiten, führen zu greifbaren Erfolgen.

Angesichts solcher Beispiele stellt sich vielmehr die Frage, woher diese Sehnsucht nach Teams kommt. Was verbindet man mit dem Teambegriff? Kann man vom Mythos «Team» reden? Woher kommt diese scheinbar magische Anziehungskraft der Teamidee?

Zunächst spielt sicherlich die Vorstellung mit, daß im Team Menschen zu einer harmonischen Einheit zusammenwachsen. Der Aspekt der sozialen Geborgenheit und des Schutzes wirken hier hinein. Darüber hinaus ist aber ganz wesentlich die Vorstellung, daß in Teams eine Art «Leistungsexplosion» viel eher stattfindet. Spitzenleistung, Spitzenteams, Synergie-Effekte, Durchbrucherlebnisse, Dream-Team-Euphorie – das ist es, was viele Manager im Kopf haben, wenn sie an Teams denken und von Teams reden.

Die Teamidee steht im Spannungsfeld zwischen Humanisierungsidealen der siebziger Jahre und den knallharten Leistungsanforderungen eines internationalisierten Wettbewerbs. Da Unternehmen primär dafür zu sorgen haben, daß sie Gewinne machen, um zu überleben und Arbeitsplätze zu erhalten, ist aus heutiger Sicht eine deutliche Priorität bei der Leistungskomponente zu sehen. Folglich geht es im Kern darum, erheblich leistungsfähigere Organisationen mit Hilfe des Teamkonzeptes aufzubauen.

Versucht man nun zu klären, was ein Team ist und was es ausmacht, trifft man auf eine verwirrende Begriffsvielfalt. Festzustellen ist zunächst, daß es keinen gültigen Teambegriff gibt. Dennoch lassen sich einige Merkmale herausarbeiten, die in den verschiedensten Teamdefinitionen immer wieder vorzufinden sind. So zitiert WIENDIECK [11] eine Untersuchung, bei der die inhaltsanalytische Auswertung von 20 Teamdefinitionen folgende fünf gemeinsame Merkmale ergab:

Ein Team ist eine

- kleine, funktionsgegliederte Arbeitsgruppe

- mit gemeinsamer Zielsetzung,
- intensiven wechselseitigen Beziehungen,
- einem ausgeprägten Gemeinschaftsgeist und
- einem starken Gruppenzusammenhalt unter den Team-Mitgliedern.

Gerade in der amerikanischen Team-Literatur wird besonderer Wert auf das Wir-Gefühl, den Gemeinschaftsgeist, gemeinsame Symbole und das interne Antreiben zu Höchstleistungen gelegt. Im weiteren geht es vielen Autoren dann darum, deutliche Unterschiede zwischen «Gruppe» und «Team» zu artikulieren [12, 13, 14]. Gruppen fehle vor allem die intensive Interaktion, der beflügelnde Wille zu Höchstleistungen und das Erlebnis der gemeinsamen Bewältigung von schwierigen Situationen. Wir sehen für die praktische Arbeit keinen besonderen Sinn in diesem Auseinanderdefinieren von Team und Gruppe. Sicherlich spielen hier auch kulturelle Eigenheiten mit hinein. Der Teambegriff ist im angelsächsischen Bereich offensichtlich anders besetzt als bei uns.

Nehmen wir z.B. die Definition der Gruppe von ROSENSTIEL [15]. Wie Sie sehen, sucht man vergeblich nach Unterschieden zum Teambegriff.

❝ *Eine Gruppe läßt sich kennzeichnen als eine Mehrzahl von Personen, die bei Bestehen unmittelbarer Interaktionen und Überwiegen der Binnenkontakte für eine längere Dauer beisammen sind, dabei Rollen ausdifferenzieren, gemeinsame Normen, Werte und Ziele entwickeln sowie Kohäsion in dem Sinne zeigen, daß die Zusammengehörigkeit für die Mitglieder attraktiv ist, woraus sich ein Wir-Gefühl ergibt.* ❞

So bleibt wohl als wichtigstes Differenzierungsmerkmal die Intensität des Verbundenseins und des davon abhängigen Grades an Wir-Gefühl, so daß man von Teams mit geringer und stark ausgeprägter sozialer Identität bzw. Attraktivität reden kann.

Teams haben demnach ein Entwicklungsspektrum vor sich, was den Grad des Zusammenhaltes betrifft. Das ist aber nichts gravierend Neues, wie die Ergebnisse der Kleingruppenforschung zum Thema «Kohäsion» (Bindekraft einer Gruppe) in den letzten 20 Jahren zeigen [16].

Wir können also zur Frage der Team-versus-Gruppen-Definition festhalten, daß es Teams mit unterschiedlichem Reifegrad gibt. Ein Team ist per se immer eine Gruppe. Sie beginnt bei einem Ausgangsniveau, und wo man dann in der Entwicklung letztlich ankommt, ist von der internen Dynamik und – wie wir im nächsten Abschnitt noch sehen werden – ganz erheblich von dem durch die Organisationsform vorgegebenen Selbststeuerungsanteil abhängig.

Teamformen – Merkmale, Aufgaben, Ziele

In der Team-Literatur gibt es vielschichtige Benennungen von Teamformen. Oft ist der Gründungsanlaß in der Teambezeichnung wiederzufinden; so gibt es Projektteams, Innovationsteams, Hot Groups, Strategieteams, Qualitätsteams, Task-Force-Teams, virtuelle Teams, Vernetzungsteams, Blitzaktionsteams, KVP-Teams, Produktentwicklungsteams, Prozeßteams, teilautonome Arbeitsgruppen usw.

Es ist unseres Erachtens wenig hilfreich, über kreative Wortschöpfungen immer neue Teambezeichnungen zu entwickeln. Statt dessen ist eine Klassifizierung der Teamformen anhand weniger, dafür aber aussagefähiger Dimensionen vorzunehmen.

Als zwei sinnvolle Strukturierungsdimensionen bieten sich an:

- Die *Lebensdauer* eines Teams
  Sie kann zeitlich begrenzt oder unbegrenzt sein.
- Die *Organisationsidentität*

Teams können Bestandteil der Aufbauorganisation sein, d.h., Team und Organisation sind identisch oder sie können neben der formalen Organisation existieren.

Hieraus ergeben sich dann die in Bild 1.1 dargestellten Teamformen.

identisch mit formaler Organisation	Lebensdauer: unbegrenzt	Lebensdauer: zeitlich befristet
ja	• teilautonome Arbeitsgruppen • organische Arbeitsteams	• Qualitätszirkel
nein	• Projektteams mit Langzeitcharakter	• Projektteams • Task-force-Teams • alle sonstigen Sonderformen von Teams

Bild 1.1 Teamformen

Wir werden nachfolgend kurz die einzelnen Teamformen charakterisieren, so daß die sie prägenden Hauptmerkmale verdeutlicht werden.

Zeitlich befristete Teams, die Bestandteil der formalen Organisation sind

Hierunter fallen die sogenannten Qualitätszirkel (QZ). Dies sind homogene Arbeitsgruppen, die zumeist in Produktionsunternehmen eingerichtet werden. Die Mitglieder kommen in der Regel aus einem Arbeitsbereich, kennen sich durch gemeinsames Arbeiten am Band, in der Instandhaltung, der Schlosserei usw. und sollen in 8- oder 14tägigem Abstand in ein- bis zweistündigen Zirkelsitzungen Qualitätsprobleme ihres Arbeitsbereiches aufspüren, analysieren und lösen. Die Arbeit im

Zirkel ist auf diese Zeit und Frequenz begrenzt, danach geht jeder wieder an seinen Arbeitsplatz zurück.

QZ-Konzeptionen sind strategisch von der Unternehmensleitung gewollt und werden dann (vorzugsweise) in allen Produktionsbereichen etabliert. QZ sind die Vorläufer der Total-Quality-Management-Konzepte.

Wer sich hier intensiver informieren will, kann auf sehr systematisierte Befunde zurückgreifen [17, 18, 19]. Für unsere Überlegungen zu Teams ist diese Variante weniger interessant.

Zeitlich befristete Teams, die nicht Bestandteil der formalen Organisation sind

Hier haben wir es mit den klassischen Teams aus verschiedenen Funktionen und/oder Bereichen schlechthin zu tun. Sie sind oft interdisziplinär zusammengesetzt, haben einen Spezialauftrag, werden durch einen Teamleiter geführt, sind überwiegend kleinere Gruppen (5 bis 10 Personen) und lösen sich nach (hoffentlich) erfolgreichem Bewältigen des Auftrags wieder auf.

Diese Teams können aus verschiedenen Mitgliedern gleicher oder unterschiedlicher Hierarchie-Ebenen zusammengesetzt sein (horizontale oder vertikale Teams). Teamarbeit ist für alle diese Teams kein ständiger Zustand.

In diese Kategorie fallen die meisten Teamarbeitsbemühungen in den Unternehmen. Hier finden wir auch in der Literatur die teils so euphorischen oder pessimistisch gefärbten Einzelfallberichte. Zur Verdeutlichung jeweils eine Probe:

» *Hot Groups sind genau das, was ihr Name besagt: 'scharf' oder 'heiß' darauf, eine gestellte Aufgabe gründlich zu lösen. Die Beteiligten agieren hochgradig aktiv, vital, erfolgsorientiert, voller Engagement, ja sogar mit Leidenschaft. Solche aufregenden Klasseteams existieren nur für eine Weile, dann kehren die Mitglieder wieder zu ihren eigentlichen Aufgaben und Positio-*

nen zurück. Doch in der Zeit der gemeinsamen Arbeit im Team bleibt kaum Luft für andere Dinge. Denn alle setzen sich mit Kopf, Herz und Hand dafür ein, ein Traumergebnis zu erreichen. Wo immer der Schuh drückt – Hot Groups können die Wende schaffen [20].“

„*Teams sind kreativer, flexibler und effizienter beim Lösen von Problemen, Konzepte werden gemeinsam erarbeitet und mitgetragen. Schöne Theorie. Die Leiter von Teams kennen andere Geschichten. Geschichten, die weniger spannend klingen, weniger euphorisch. Die Rede ist von Frustration, Emotionen und Blockaden; von Einzelkämpfern, die sich profilieren wollen, von Konkurrenzkämpfern, die der Sache schaden ... [21].*“

Wie kommt es zu solch einem polarisierten Bild? Es gibt sicherlich mannigfache Ursachen dafür. Wir wollen uns auf vier zentrale Punkte beschränken:

- □ Die Mitglieder kommen aus gewohnten Linienorganisationen. Im Team müssen sie sich erst zusammenfinden.
- □ Das Team hat eine Doppelfunktion zu erfüllen. Es soll eine Aufgabe perfekt lösen und sich gleichzeitig selbst steuern, organisieren, kontrollieren usw. Damit sind unerfahrene Teams überfordert.
- □ Die Team-Mitglieder wurden zur Teamarbeit «abgestellt» oder in Teams delegiert. Anders ist es, wenn man sich zu Teams freiwillig meldet oder eine Anfrage zum Mitmachen erhält.
- □ Der Teamleiter kann Teams nicht richtig führen. Ein guter Linienmanager kann u.U. ein miserabler Projektleiter sein.

Wie Teams effektiv arbeiten und geführt werden, wird in den nachfolgenden Kapiteln noch ausführlicher dargestellt.

Nicht organisationsidentische Teams mit Langzeitcharakter

Hierzu zählen insbesondere solche Projektteams aus den Bereichen Forschung und Entwicklung oder Datenverarbeitung. Die Mitglieder werden aus der formalen Organisation herausgenommen und in aufgabengebundenen Projektteams zusammengeführt. Oft beträgt die Lebensdauer eines solchen Teams zwei Jahre und mehr. Nach Ablauf des Projektes werden die Team-Mitglieder häufig auf neue Projektaufgaben angesetzt.

Interessant scheint hier eine Variante zu sein, die neuerdings unter der Bezeichnung «projektorientierte Unternehmensführung» vorzufinden ist [22, 23]. Das Gesamtunternehmen wird als vernetztes System agierender Projektteams gesehen. Es bleibt abzuwarten, wieweit das dann auch in der Unternehmenspraxis gelebt wird.

Organisationsidentische Teams mit unbefristeter Lebensdauer

Diese Form der Teambildung hat eine lange Vorgeschichte, beginnend in den 20er Jahren, erreichte aber erst mit dem Lean-Management (schlanke Produktion/Fabrik) und Reengineering-Konzepten den Durchbruch [22, 23, 24].

Aufgrund des bereits skizzierten Zwangs zum Wandel erleben wir verstärkte Restrukturierungsbemühungen, die die Bildung sogenannter «teilautonomer Arbeitsgruppen» (TAG) oder «organischer Arbeitsteams» hervorrufen.

Für die Teambildung im Produktionsbereich hat sich eher der Begriff «TAG» etabliert, im Bereich der Dienstleistungsbetriebe ist dagegen die Bezeichnung «organische Arbeitsteams» anzutreffen.

Unabhängig von der Bezeichnung ist mit diesem Teamarbeitskonzept etwas grundlegend anderes intendiert als bei den bisher dargestellten Teamformen. Die Orientierung geht eindeutig in Richtung ökonomischer Ziele mit dem übergeordneten Ziel einer erheblichen Verbesserung der Wettbewerbsfähigkeit. Dazu werden Potentiale auf vier Ebenen mobilisiert:

- Flexibilisierung des teaminternen Personaleinsatzes (Rotation),
- konsequente Nutzung des erfahrungsbedingten Wissens und Könnens in einem kontinuierlichen Verbesserungsprozeß (KVP),
- Ausrichtung der Teamarbeit an den Grundprinzipien des Total-Quality-Managements (TQM),
- konsequentes prozeßorientiertes Denken und Handeln sowie Förderung der Problemlösungskapazität aller Team-Mitarbeiter.

Das Team soll – je nach Konzeption – mit unterschiedlicher Reichweite als Unternehmer im Unternehmen handeln. Basierend auf dem Grundsatz der Selbststeuerungsfähigkeit von Gruppen, wird so die Reaktionsfähigkeit der Unternehmen verbessert und die Komplexität des alten Linienmanagementprinzips reduziert.

Die organischen Arbeitsteams können homogen sein, aber auch über einen durchgängigen Prozeß zusammengeführt werden, sozusagen von der Kundenanfrage bis zur Reklamationsbearbeitung.

Folgende Merkmale sind für teilautonome Arbeitsgruppen und organische Arbeitsteams kennzeichnend:

- Die Teams bestehen aus bis zu 20 Personen.
- Die Teams repräsentieren organische Einheiten der Organisation.
- Sie steuern sich selbst und haben Ergebnisverantwortung.
- Sie haben den Auftrag zur permanenten Prozeßverbesserung.
- Sie arbeiten nach dem Null-Fehler-Prinzip und haben die ausschließliche Qualitätsverantwortung.

- □ Sie führen dispositive Arbeiten (Planungs-, Organisations- und Kontrollaufgaben) zusätzlich zur Produktionsaufgabe aus.
- □ Sie werden von einem Teamsprecher «geführt» und nach außen vertreten.

Zur besseren Übersicht finden Sie die typischen Merkmale und Aufgaben der Teamformen in Tabelle 1.1 noch einmal zusammengefaßt.

Entwicklungsphasen eines Teams

Teams werden gerne überdurchschnittliche Fähigkeiten nachgesagt. Wenn das in jedem Fall so wäre, dann müßten eigentlich längst in allen Unternehmen Teamkonzepte mit offenen Armen angenommen und umgesetzt worden sein. Das ist aber nicht so.

Realistisch betrachtet ist Teamarbeit ein Prozeß, der sich entwickeln muß – völlig unabhängig davon, um welche Teamform es sich handelt. Die Annahme, ein Team entwickle sich linear, zielstrebig, mit immer höherem Effektivitätsgrad, ist pures Wunschdenken.

Teams bleiben stecken, werden nach erfolgloser vielmonatiger Arbeit wieder aufgelöst, erfahren u.U. erhebliche personelle Veränderung, durchleben Konflikte, müssen sich mit Nörglern und Bremsern arrangieren usw. Die vielgelobten Synergie-Effekte durch Teamarbeit sind eine Ergebnisbetrachtung, der ein gelungener Prozeß vorausgegangen sein muß (wie wir aus vielfältiger Arbeit mit Teams berichten können).

Insofern läßt diese «Erntebetrachtung» den ebenso einfachen und manchmal auch unbequemen Weg der schweißtreibenden Feldarbeit außer acht. Teams sind nicht als Instant-Produkte zu

Teamform	typische Merkmale	Aufgabe
Qualitätszirkel	– kleine Gruppe bis 10 Personen – trifft sich 8- bis 14täglich für 1–2 Stunden – ist eine homogene Arbeitsgruppe mit gleichem Arbeitsinhalt – Leitung der QZ-Sitzungen durch einen Moderator	Aufspüren, Analysieren und Lösen von arbeitsplatz- und aufgabenbezogenen Qualitätsproblemen
Klassische Teams (Projektteams oder sonstige Spezialteams)	– kleine Teams mit 3 bis 8 Personen – funktionieren nach Selbstorganisations-/Steuerungsprinzip – oft interdisziplinär zusammengesetzt, u. U. auch über mehrere Hierarchie-Ebenen – werden von einem offiziellen Teamleiter geführt – lösen sich nach Aufgabenerfüllung auf	Lösung einer bestehenden Aufgabe oder eines Problems
Projektteams mit Langzeitcharakter	dto.	dto.
organische Arbeitsteams bzw. teilautonome Arbeitsgruppen	– sind organisationsidentisch und bis zu 20 Personen groß – haben Selbststeuerungscharakter – haben Ergebnis-, Qualitäts- und Prozeßverantwortung – erfüllen neben Produktion auch dispositive Tätigkeiten – werden von einem Teamsprecher nach außen repräsentiert	– Steigerung der Wirtschaftlichkeit – Erhöhung der personalen Flexibilität – permanente Prozeßverbesserung – Null-Fehler-Produktion

Tabelle 1.1 Merkmale und Aufgaben verschiedener Teamformen

haben – anrühren und fertig. Ähnlich wie in einer Schulklasse oder einem Verein entwickelt sich ein Team.

Nehmen wir einmal an, der praktische Fall ist eingetreten, Sie sind in ein Team einberufen worden, dessen Aufgabe es ist, ein neues Produkt zu entwickeln. Was bewegt Sie gedanklich, bevor die konstituierende Teamsitzung stattfindet? Vermutlich sind es zwei ganz alltägliche Fragen, die Sie beantwortet haben wollen:

1. Worum genau geht es bei der Sache?
2. Wie wird das wohl laufen mit der Zusammenarbeit?

Und um genau diese beiden Kernfragen geht es auch im Team. Ein Team-Entwicklungsprozeß vollzieht sich gleichzeitig immer auf zwei Ebenen:

- auf der Sachebene, wo es um alle Aspekte der sachlichen Bewältigung der Aufgabe einschließlich der Selbstorganisation des Teams geht;
- auf der Interaktionsebene, wo alle Facetten des menschlichen Miteinanders im Team betroffen sind, wie z.B. Wertschätzung, Einfluß haben, erwünschte und unerwünschte Verhaltensweisen, die eigene Rolle finden usw.

Die Gruppenforschung der letzten Jahrzehnte hat nun herausgefunden, daß Teams diese beiden Entwicklungsebenen in vier Phasen durchlaufen: der Orientierungsphase, Konfrontations- und Konfliktphase, Konsens-Kooperations-Kompromiß-Phase, Integrations- und Wachstumsphase [27].

Das 4-Phasen-Modell hat sich als sehr praktikabel erwiesen, weil mit ihm einerseits aufgezeigt werden kann, was jedem Team unabwendbar bevorsteht; andererseits dient es aber auch als Kompaß zur Standortbestimmung im konkreten Entwicklungsprozeß.

Worin zeigen sich nun sowohl auf der Sachebene als auch auf

der Interaktionsebene die für die jeweilige Team-Entwicklungsphase charakteristischen Verhaltensweisen?

Die nachfolgenden Ausführungen treffen auf Teams bzw. Gruppen generell zu, egal ob sie bereits bestehen oder neu gegründet werden.

1. Die Orientierungsphase

Dies ist die Phase der Teamentstehung bzw. Teambildung. Jedes Mitglied hat bestimmte Erwartungen sachlicher wie beziehungsmäßiger Art und bringt insoweit auch Vorerfahrungen aus bereits erlebten Gruppensituationen mit.

Auf der Sachebene geht es um solche Fragen wie: Was tun wir? Was sollen wir erreichen? Welche Ziele haben wir? Wie organisieren wir uns, damit es losgehen kann?

Auf der Interaktionsebene geht es meist abwartend zu. Man beschnuppert sich erst einmal, bleibt in Deckung, probiert aus, was erlaubt ist. Jeder versucht seine Rolle zu finden. Man sammelt Informationen über die anderen Mitglieder. Insgesamt ist die Situation durch Unsicherheit geprägt. Offener Gedankenaustausch findet meist noch nicht statt. Viele orientieren sich am Verhalten des Teamleiters, weil das persönliche Verhaltenssicherheit gibt. Tritt der Teamleiter hier dominant-einengend auf, hat er in anschließenden Phasen meist erhebliche Probleme. Insgesamt ist festzustellen, daß es selten Teams gibt, in denen von Beginn an eine offene und freie Atmosphäre herrscht.

2. Die Konfrontations- und Konfliktphase

Diese Phase ist für das Entstehen eines echten Teams mit hohem Reifegrad ganz besonders wichtig. Teams, die in dieser Phase steckenbleiben, werden wenig erfolgreich sein. Vermutlich werden sie früher oder später aufgeben oder von außen her aufgelöst.

Was passiert nun genau in Phase zwei? Auf der Interaktionsebene prallen jetzt unterschiedliche Ansichten offen aufeinander, man geht nicht mehr abtastend vor. Es wird im Entweder-oder-Stil diskutiert. Cliquenbildung findet statt, man sucht Gleichgesinnte für seinen Standpunkt. Macht kommt ins Spiel. (Ich bin hier der Dienstälteste, Hauptabteilungsleiter, Fachmann, Projekterfahrenste usw.) Positiv ist, daß jetzt viel mehr Gefühle zur Sprache kommen, die noch in Phase 1 versteckt wurden. Auch der Teamleiter gerät ins Kreuzfeuer der Kritik.

Auf der Sachebene erleben wir die Diskrepanz zwischen den eigenen Ideen und Aufgabenanforderungen. Teilweise entsteht Streit über anzuwendende Methoden, Verfahren usw. Die Kontrolle des einzelnen durch das Team und den Teamleiter wird in Frage gestellt. Am Ende dieser Phase müssen ein Grundkonsens und eine Klärung der aufgabenbezogenen Anforderungen im Team stehen, sonst droht das Team zu kippen.

3. Konsens-Kooperations-Kompromiß-Phase

In dieser Phase sind die Wogen im Team geglättet. Man erlebt erstmals ein positives Zugehörigkeitsgefühl. Jeder weiß jetzt, daß mit überzogenem Profilierungs- und Wettbewerbsverhalten im Team kein Vorankommen möglich ist. Man lernt den Wert anderer Team-Mitglieder kennen. Das Team wird als Einheit erlebt, die so lebensfähig erhalten werden soll. Verhaltensnormen haben sich herausgebildet.

Auf der Sachebene findet ein offener Austausch benötigter Informationen, Meinungen, Fakten usw. statt. Problemlösungen werden entwickelt. Ein Katalog von Spielregeln für das Miteinander ist entstanden.

Am liebsten möchte man diesen Zustand des harmonischen Arbeitens beibehalten, weshalb auch erste Fragen nach dem Überdenken von Vorgehensweisen, Regeln usw. nicht gerne gesehen werden. Abweichende Meinungen und Themen, die

Konfliktstoff enthalten, werden nicht offen im Team besprochen. Die Erfahrungen aus Phase 2 führen jetzt u.U. zu einem langfristig gesehen unproduktiven Konfliktvermeidungsverhalten.

Alles in allem gesehen hat das Team in Phase 3 eine solide Arbeitsplattform gefunden.

4. Integrations- und Wachstumsphase

In dieser Phase fließt der meiste Teil der Teamenergie in die Aufgabenbewältigung. Das Team hat einen gut funktionierenden Selbststeuerungsgrad erreicht. Man sucht nach mehr Effizienz. Alle Aktivitäten stehen im Dienste einer perfekten Aufgabenerfüllung. Die Team-Kohäsion ist sehr hoch. Jetzt sind auch Spitzenleistungen möglich.

Das Team führt außerdem regelmäßige Feedback-Sitzungen zu wichtigen Sach- und Interaktionsthemen durch. Geregelt sind jetzt auch die Beziehungen zu anderen Teams, und die Positionierung in der Gesamtorganisation ist klar.

Das neu entwickelte Selbstbewußtsein des Teams kann konstruktiv-fordernd, aber auch überheblich-protzend (Elite-Tick) werden. Im zweiten Fall kommt es dann unweigerlich zu Isolations- und Abkapselungsreaktionen.

Wichtig ist auch, daß im Verständnis des «offenen Prozesses» die Teamentwicklung nicht irgendwann fertig ist: Für Qualität gibt es keinen definierten Endpunkt!

Außerdem fällt ein Team aus den verschiedensten Anlässen auch mal wieder in Phase 2 zurück, z.B. beim Wechsel von Team-Mitgliedern, kritische Ereignisse von außen treten ein oder der Teamleiter wechselt. Ein reifes Team löst solche Herausforderungen, weil es erfahren hat, daß dies möglich ist.

In Tabelle 1.2 finden Sie alle Phasen mit ihren charakteristischen Merkmalen noch einmal auf einen Blick zusammengefaßt.

Phase	Sachebene (Gruppenaufgabe)	Interaktionsebene (Soziales Miteinander)
1 Orientierung	• Erwartungen klären (Wozu? Für wen? Was?) • Informationen sammeln • Ziele klären und verstehen • Teilziele definieren • Struktur entwickeln • Methoden zur Aufgabenbewältigung entwickeln	• Eigene Rolle finden • Gegenseitiges Beschnuppern und Abtasten • Verschlossen im Zeigen von Gefühlen • Welches Verhalten wird akzeptiert? • Abhängigkeit von Gruppenleiter, Normen, Standards
2 Konfrontation und Konflikt	• «Entweder-oder-Stil»-Diskussion • Diskrepanz zwischen Aufgabe und persönlicher Orientierung • Widerstand gegen Aufgabe und Methoden/ Verfahrensweisen • Kontrolle wird abgelehnt • Definition von Aufgabenrollen und Grundkonsens	• Individualität um jeden Preis (Profilierungsattacken) • Verteidigen von Positionen (Hackordnung) • Polarisation und Cliquenbildung (eigene Politik machen) • Kampf um Macht und Status • Konflikte um Stilfragen
3 Konsens, Kooperation, Kompromiß	• Offener Austausch von Daten, Ideen, Meinungen • Spielregeln für die Arbeit • Suche nach Problemlösungen • Kooperation aller • Entwickeln von Standards zur Aufgabenbewältigung	• Wertschätzung und Akzeptanz untereinander • Entspannung und Wohlbefinden • echtes Zugehörigkeitsgefühl (WIR sind ein Team!) • Konflikte werden möglichst vermieden • Team-Jargon entwickelt sich
4 Integration und Wachstum	• Aktivität ganz im Dienst der Teamaufgabe • hoher Selbststeuerungsgrad • kreative Ideen • kontinuierliche Prozeßverbesserung • hoher Qualitätsanspruch an die Arbeit	• hohe Team-Kohäsion • offenes Feedback über Teamentwicklungsstand • Verhaltensstandards sind geklärt • hohe Teamidentifikation

Tabelle 1.2 Phasen der Teamentwicklung

Erfolgsfaktoren für Teamarbeit

Ohne Frage sind Teams – wenn sie funktionieren – leistungsfähiger als Arbeitsformen in der klassisch hierarchisch geprägten Organisationsstruktur. Damit Teams ihre Leistungspotentiale tatsächlich aktivieren und realisieren können, gibt es eine Reihe von externen und internen Faktoren, die stimmig sein müssen. Beginnen wir zunächst einmal bei den organisatorischen Rahmenbedingungen im Unternehmen:

1. Teamarbeit braucht die notwendige organisatorische Einbindung

Teams können nicht im luftleeren Raum agieren. Je nach Teamform ist – wie wir schon gesehen haben – mit Teamarbeit eine erhebliche Veränderung der Organisation verbunden. Die Unternehmensleitung muß deshalb geeignete Rahmenbedingungen schaffen. Dazu zählt u.a.:

- eine eindeutige Erklärung zur Teamarbeit als neue Form des Arbeitens im Unternehmen,
- die Übertragung von Verantwortung und Kompetenz, denn Teams brauchen einen legitimierten Autonomierahmen.
- Der Stellenwert in der betrieblichen Gesamtstruktur ist geklärt (kein Exotenstatus!).
- Bei organisationsidentischen Teamformen ist die Leitungsstruktur geklärt (Teamleiter oder Teamsprecher mit dem dazugehörigen Aufgabenbild).
- Es existiert eine Organisationsstruktur für Projektmanagement, in der festgelegt ist, wie es zu legitimierten Projekten im Unternehmen kommt.

2. Die Informationslogistik muß stimmen

Eines der größten Probleme der Teamarbeit ist die Frage der Info-Logistik. Dazu ein Praxisbeispiel: Ein Produktentwicklungsteam hatte in 5 Monaten ein neues Produkt entwickelt. Allerdings versäumte man es, den Geschäftsführer über die Zwischenstände zu informieren. Der hatte nun seinerseits einem neuen Produkt einer Auslandstochter den Vorzug gegeben. Das Team war natürlich stocksauer, denn schließlich waren fünf Monate Arbeit vertan.

Solche Fälle gibt es im übrigen zuhauf. Die Autonomie der Teams wird wechselseitig unterschiedlich interpretiert. Teams neigen oft zu einer extensiven, übergeordnete Manager zu einer eingeschränkten Interpretation des Autonomiegrades. Deshalb muß folgendes klar sein:

- □ Worüber ist in welchem Zyklus zu berichten?
- □ An welche Daten und Infos darf das Team ran (z.B. Kosten, Erträge usw.)?
- □ Was erfahren die Bereiche im Unternehmen von Teamarbeit, die nicht so organisiert sind? Beispielsweise beschränken sich teilautonome Arbeitsgruppen meist auf die Produktion, während das restliche Unternehmen eine Linienorganisation hat.
- □ Wie kommen die Teams schnell an benötigte Infos? Welche formalen Wege gilt es zu beachten?
- □ Wie ist die Abstimmung mit anderen Teams im Unternehmen geregelt?

3. Teamarbeit braucht materielle und motivationale Unterstützung

Wer Teamarbeit wirklich will, muß etwas für die Kompetenzentwicklung der Teams tun. Der mit Teamarbeit verbundene notwendige Lernbedarf wird fast immer unterschätzt.

Zum einen sind die Teamleiter in entsprechenden Team-Führungstrainings zu qualifizieren; zum anderen sind u.U. erhebliche Vorinvestitionen in die Ausbildung der Team-Mitglieder erforderlich, um veränderten Arbeitsanforderungen – z.B. durch Jobrotation – gerecht zu werden.

Teams brauchen manchmal auch den Zugriff auf personelle Ressourcen im Unternehmen, denn nicht alles ist teamintern zu lösen. Wer darf hier auf was und wen zugreifen?

Hier gibt es viele Klagen von «hierarchiefreien» Team-Mitgliedern, die bei hierarchisch denkenden Abteilungsleitern (und noch hierarchiehöherem Managementadel) gegen die Wand laufen (meist Vorwände!). Werden solche «Stammesrituale» nicht frühzeitig unterbunden – ggf. auch durch Intervention des Topmanagements – zermürben sich die Teams.

Neben diesen drei wesentlichen externen Rahmenbedingungen gibt es natürlich eine ganze Reihe teaminterner Erfolgsfaktoren. Dabei unterscheiden wir sogenannte Struktur- und Prozeßfaktoren.

Die Strukturfaktoren sind sozusagen das «Gerüst des Teams». Fehlen sie, dann erleben wir nur notleidende Prozesse, denn der Grundsatz lautet: Struktur bricht Prozeß!

Haben die Strukturfaktoren andererseits den Charakter einer Zwangsjacke, dann erstickt das Team. Es fehlt die Luft zum Atmen, es mangelt an funktionsnotwendiger Bewegungsfreiheit und Dynamik. Zu den Strukturfaktoren zählen folgende sechs Punkte:

- Teamziele
  Es ist immer wieder erschreckend festzustellen, wie viele Teams mit Appellen statt mit Zielen an die Arbeit gehen bzw. geschickt werden. Die Teamziele müssen deshalb zu Beginn allen klar sein, akzeptiert und während der Teamarbeit regelmäßig überprüft werden.

- Teamführung
  Teams funktionieren nicht führungslos. Sie brauchen jemanden, der mit ihnen «Leitplanken» definiert, den Arbeitsprozeß steuert usw. Daß dies ganz anders läuft als in der Linienführung, werden wir noch hinreichend darstellen. Es geht um begleitendes Führen (Moderation und Coaching).

- Integriertes Controllingsystem
  Teams benötigen ein Steuerungssystem, damit sie auf Kurs bleiben und zu Erfolgserlebnissen kommen. Sie müssen auch eingebunden sein in ein Gesamt-Controllingkonzept des Unternehmens.

- Rollen- und Aufgabenverteilung
  Gute Teams haben geklärt, was jeder zu tun hat, die Spezialisten und die Allrounder. Geklärt ist auch, wer das Team bei Sitzungen, Präsentationen usw. nach außen vertritt (nicht immer der Teamleiter!).

- Kompetenzrahmen für Entscheidungen
  Ein oft strittiger Punkt ist die Frage: Was darf das Team? Weniger strittig dagegen ist die Frage, was es tun soll. Damit Teams nicht ständig in die Lage nicht legitimierter Grenzübertritte kommen, steht hier eine saubere Klärung an.

- Qualifikationsstruktur
  Dieser Punkt ist vor allem bei organisationsidentischen Teams von großer Wichtigkeit. In teilautonomen Arbeitsgruppen und organischen Arbeitsteams braucht man eine sogenannte «Basis-skill-rate», also ein Mindestmaß an Prozeßbefähigung, ohne die ein Teameffekt nur schwer möglich ist.

Wir stellen in der Praxis sehr oft fest, daß es wegen fehlender Strukturfaktoren zu enormen Spannungen im zwischenmenschlichen Miteinander kommt. Was oft vorschnell als mangelnde Teamfähigkeit diagnostiziert wird, ist dann auf den zweiten Blick auf unzureichend geklärte Strukturfaktoren zurückzuführen.

Bei den Prozeßfaktoren handelt es sich um sogenannte «weiche» Faktoren. Vielleicht macht es das folgende Bild klar: Strukturfaktoren sind das Getriebe, Prozeßfaktoren das Getriebeöl!

Prozeßfaktoren entscheiden – bei vorhandener Struktur – über das Wachstumstempo des Teams. Die wichtigsten sechs Prozeßfaktoren sind deshalb:

- □ Informationsverhalten im Team (Bringschuld, Holschuld, internes Info-Netz, Besprechungskultur usw.);
- □ der Grad an Offenheit, mit dem Probleme, Schwierigkeiten und Konflikte angesprochen und gelöst werden;

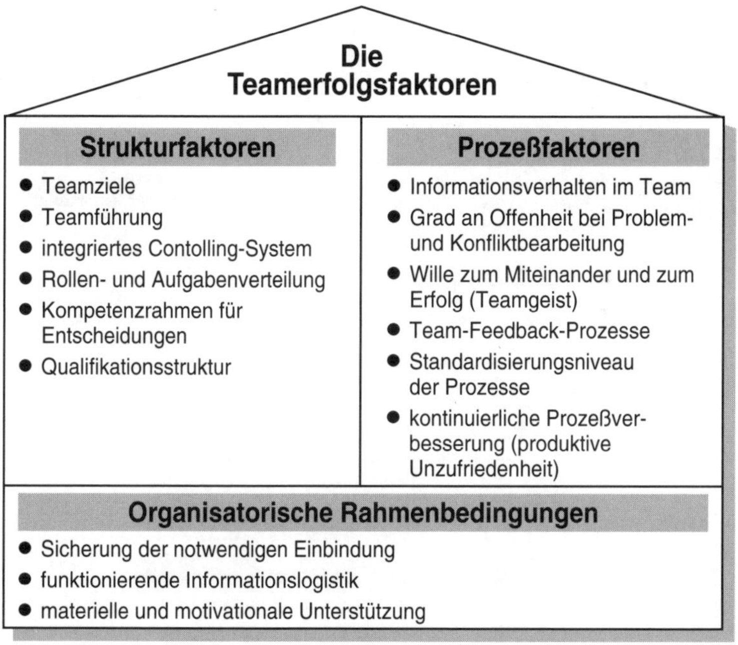

Bild 1.2 Die Teamerfolgsfaktoren

- Wille zum konstruktiven Miteinander und gemeinsamen Erfolg (Engagement und Teamgeist!);
- Team-Feedback-System zum Aufbau eines «lernenden Systems»;
- Standardisierungsniveau der Prozesse. Hat man abgesprochene Verfahrensweisen oder wird das Rad immer wieder neu erfunden?;

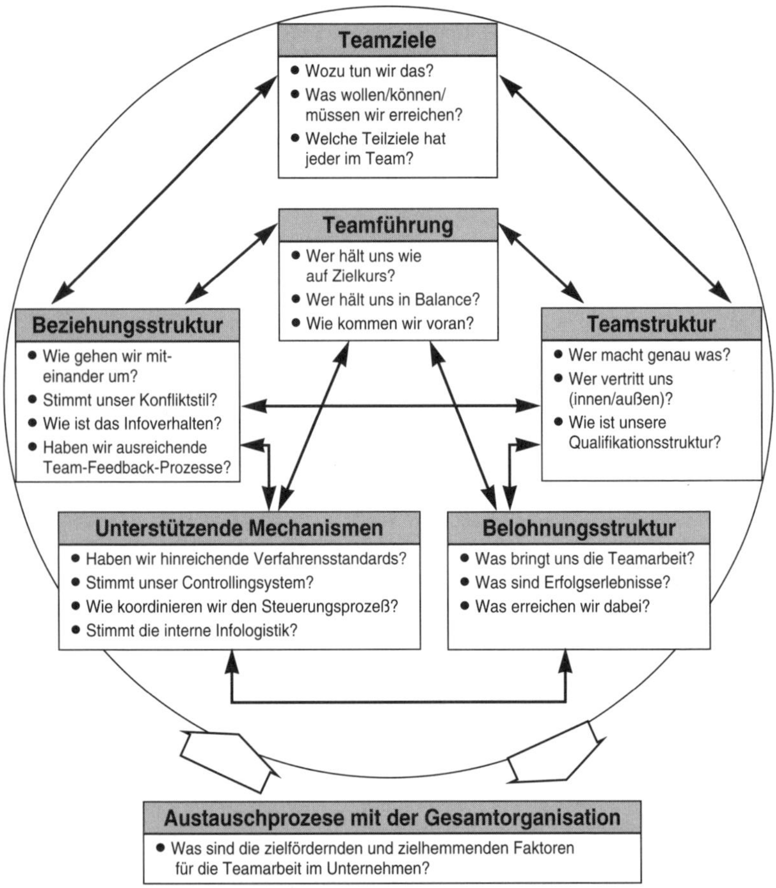

Bild 1.3 Netzwerk der Teamerfolgsfaktoren

- Prozeß der kontinuierlichen Verbesserung (produktive Unzufriedenheit).

Wie Sie sehen, sind eine ganze Reihe von Faktoren letztendlich für den Teamerfolg notwendig. In Bild 1.2 finden Sie die Teamerfolgsfaktoren noch einmal zusammengefaßt.

Die dargestellten und diskutierten Teamerfolgsfaktoren sind natürlich in der Praxis in einem vernetzten System wechselseitiger Beeinflussung anzutreffen. So wie ganze Organisationen, so entwickeln sich auch Teams zirkulär und nicht linear. Weisbord [28] hat vor fast 20 Jahren ein sehr brauchbares Modell der Organisationsdiagnose entwickelt, das auch passend für unsere Team-Erörterungen ist. In Bild 1.3 finden Sie die teaminternen und teamexternen Austauschbeziehungen der Erfolgsfaktoren dargestellt.

Wie Sie feststellen, sind alle Faktoren miteinander verknüpft und beeinflussen sich wechselseitig. Auch daran wird wieder einmal klar, daß Teams keine quasi automatisch funktionierenden Erfolgsmaschinen, sondern eher Biotope mit einem empfindlichen, instabilen Gleichgewicht sind.

Kapitel 2

TEAMFÜHRUNG – DENKEN UND HANDELN IN NEUEN MASSSTÄBEN

Das starke Anwachsen von Teamarbeitsformen in vielen Unternehmen erfolgt als dringend notwendige (Überlebens-) Anpassung an dramatisch veränderte Wettbewerbssituationen. Unternehmen müssen heute im «magischen Viereck» von Zeit, Kosten, Qualität und Service ihren Platz am Markt behaupten und wieder neu erkämpfen.

Zwangsläufig verändert das auch die Führungssituation. Andersartiges Führungsverhalten ist gefordert. Jahrelang liebgewonnene Anweisungs-Kontroll-Mechanismen genügen den neuen Herausforderungen nicht mehr. In diesem Kapitel wird deshalb zunächst dargestellt, welche übergeordneten Gesichtspunkte aus dem Prozeßmanagement und Total-Quality-Management (TQM) für die Teamführung relevant sind. Im weiteren Verlauf werden dann die daraus resultierenden Kompetenzanforderungen und Führungsverhaltensweisen für Teamleiter dargestellt.

Hierarchische und prozeßorientierte Führung

Die Führungsstrukturen von heute sind meist das Ergebnis unseres gestrigen Denkens, also vergangenheitsbezogen. Jede Zeit hat, wie wir im ersten Kapitel gesehen haben, ihre Denkmuster (Paradigmen). Das Denkmuster für die Unternehmensorganisation der Vergangenheit hieß: hierarchischer Unternehmensaufbau mit straffer Linienorganisation (Bild 2.1).

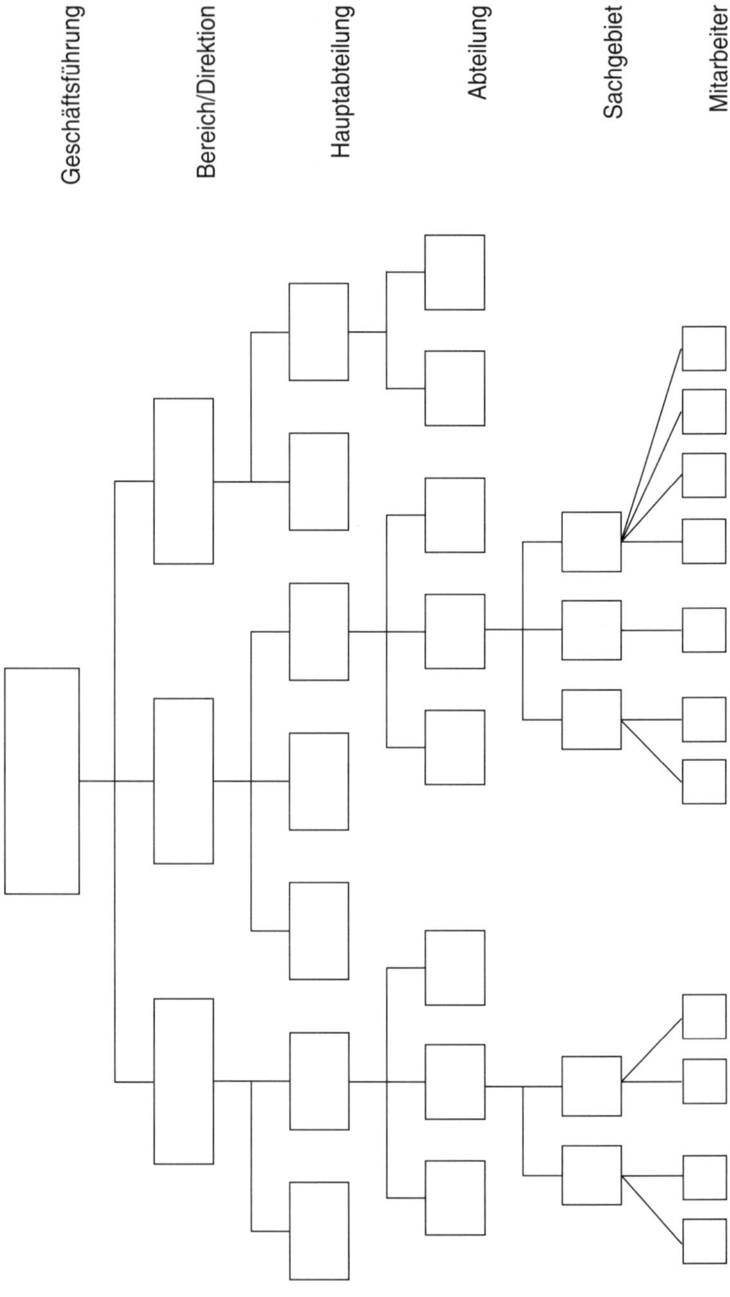

Bild 2.1 Hierarchische Linienorganisation

Was sind nun die charakteristischen Merkmale dieser Organisationsform? Das Funktionieren der Linienorganisation beruht auf zwei wesentlichen Prinzipien [29]:

- Schriftliche Fixierung aller Abläufe, die aus Sicht der Führungsspitze zur Steuerung und Überwachung notwendig sind. Auf diese Weise wird der Führungswille von der Spitze bis zum letztlich ausführenden Mitarbeiter und zurück umfassend dokumentiert. Das Ziel einer weitgehenden Transparenz aller Vorgänge und einer lückenlosen (vergangenheitsbezogenen) Kontrolle wird somit erfüllt.
- Allein die vertikalen Verbindungslinien werden institutionalisiert. Horizontale Abhängigkeiten kommen per System nicht vor, ja gelten als abwegig. Kompetenzprobleme gibt es per Definition im System nicht. Komplexere Themen wandern automatisch in die höheren Hierarchie-Ebenen, werden dort bearbeitet und kommen, systemgerecht in «Linien-Bereichs-Portionen» aufgeteilt, wieder zurück zur operativen Umsetzung.

Es ist klar, daß ein solches System in Not gerät, wenn es in der Umwelt komplexer und schneller zugeht.

Nun prägen ja Systeme bekanntlich Menschen – in unserem speziellen Fall Führungskräfte – in erheblichem Ausmaß. Und für die Führung von Mitarbeitern ergeben sich so im Laufe der Zeit eine Reihe von «Selbstverständlichkeiten», als da sind:

- Nur zwischen Mitarbeiter und direktem Vorgesetzten besteht ein Unterstellungsverhältnis. (Der Dienstweg ist einzuhalten!)
- Die direkte Zuweisung von Arbeit und Verantwortung sowie die Kontrolle erfolgen durch den Vorgesetzten, so daß dieser weiß, was «sein» Mitarbeiter macht.
- Das Denken und Arbeiten erfolgen linear (kommt von Linie), so daß Komplexität nicht vorkommt.

- Informationsportionierung erfolgt durch den Vorgesetzten. Jeder bekommt nur soviel an Infos, wie zur Aufgabenbewältigung benötigt wird.
- Entscheidungsmacht wird über den Hierarchie-Rang geregelt und liegt ausschließlich beim Vorgesetzten.
- Abteilungs- und Bereichsdenken haben Vorrang! Abstimmung mit vor- oder nachgelagerten Stellen findet nicht/wenig statt (Kästchen-Denken laut Organigramm; Abteilung = abteilen, isolieren).

Die Hierarchie ist ob der genannten Verhaltensweisen gewaltig in die Schußlinie geraten, wie nachfolgende Aussagen belegen.

» *Die Hierarchie hat aufgehört, sich selbst zu legitimieren. Jede hierarchische Stufe gerät in Beweisnotstand. Sie muß, will sie überleben, ihre Existenz durch das begründen, was sie im Rahmen definierter Prozeßketten an Mehrwert schafft [30].* «

» *Die einmal gewählte Organisations- und Führungsstruktur verliert in dem Maß ihre Berechtigung, wie sich die Marktbedingungen ändern, aufgrund derer sie einst gewählt wurden [31].* «

Und bezüglich der durch die hierarchische Organisation geprägten Führung gilt dann folgerichtig, daß man «*sich von der Vorstellung* (wird) *verabschieden müssen, daß Führung ein Geschehen ist, das sich hauptsächlich zwischen einem Vorgesetzten und einem Mitarbeiter – also zwischen einzelnen Personen – abspielt. Solche Führungssituationen werden in Zukunft eher die Ausnahme denn die Regel sein*» [32].

Nun wird man in keiner – wie auch immer gearteten – Organisationsform ohne Hierarchie und Führungsstrukturen auskommen. Allerdings sind die neu zu schaffenden Organisationen zum einen «flacher», mit deutlich weniger Hierarchie-

Ebenen; zum anderen sind sie über zu steuernde Prozesse organisiert.

❞ *Auf funktionsfähige Prozesse und sinnvolle Prozeßketten – und auf nichts anderes – muß die Gestaltung der Organisationen heute ausgerichtet sein [33].* ❝

Schon im Begriff «Prozeß» kommt eine dynamische, aktivitätsorientierte Facette zum Ausdruck. Wer in Prozessen denkt, der sieht das Einzelne und das Ganze, der kann analytisch und systemisch denken. Eine in Prozessen denkende Führungskraft begreift, welche Auswirkungen bestimmte Handlungen/Aktivitäten auf das Gesamtergebnis haben.

Intelligente Prozesse sind heute ebenso wichtig wie intelligente Produkte und Mitarbeiter. Wie in Bild 2.2 dargestellt, kümmern sich Prozesse nicht um Bereichs- und Abteilungsgrenzen.

Das Schaffen intelligenter Prozesse ist heute eine der wichtigsten Aufgaben des Managements. Es erfordert eine stetige Er-

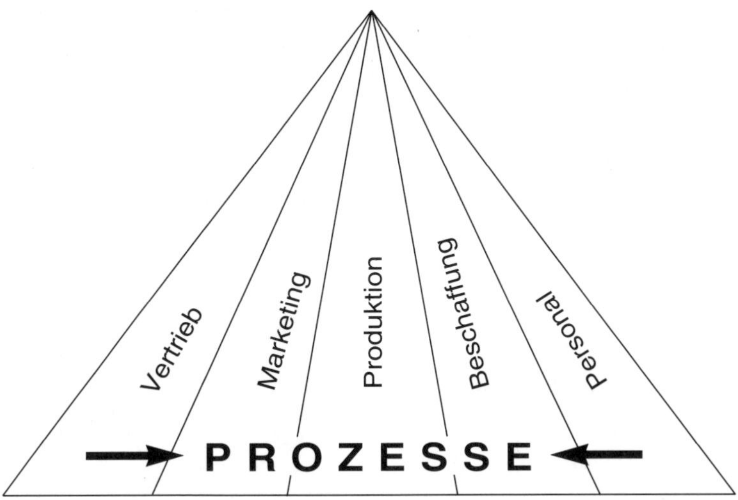

Bild 2.2 Prozeßverläufe im Unternehmen

höhung der Vordenkqualität. Führungskräfte, die prozeßorientiert arbeiten, haben gelernt, besser vorzudenken statt zu oft nachzudenken. Ihr Ergebnis sind «elegante Prozesse» – und Eleganz ist gemeisterte Verschwendung. Dort, wo Prozesse in diesem Sinne «elegant» sind, sind sie kostengünstig, schnell, qualitativ okay und kundenorientiert.

Eine radikale Änderung der Organisations- und Führungsstruktur über Prozeßorganisation schreckt viele Unternehmen ab. Sie gehen deshalb zunächst den Weg über die Identifikation von Schlüsselprozessen und arbeiten dann dort mit Prozeßmanagern und Prozeßteams. Als neun wichtige Schlüsselprozesse im Unternehmen kommen in Frage [vgl. 34]:

- Kundennutzen-Optimierungsprozeß,
- Marktkommunikationsprozeß,
- Produkt-/Leistungsbereitstellungsprozeß (Materialbereitstellung, AV, Fertigung, Montage usw.),
- Logistik- und Serviceprozeß,
- Auftragsabwicklungsprozeß.
- Kapazitätssicherungsprozeß (Instandhaltung und Wartung),
- Rentabilitäts- und Liquiditätsprozeß,
- Strategieplanungs- und Umsetzungsprozeß,
- Personalschulungs- und Motivationsprozeß.

Für jeden Prozeß können jetzt eine Reihe von Unterprozessen definiert werden, z.B. beim *Auftragsabwicklungsprozeß* wären dies die Unterprozesse

- Angebotserstellung,
- Auftragsdisposition,
- Fakturierung,
- Auslieferung

usw.

Entscheidend ist, daß wir «die Prozesse verbessern müssen, ehe wir verbesserte Ergebnisse erwarten können.» [35]

Prozeßorientierung erfordert ein hohes Maß an Kommunikation zwischen den Prozeßketten-Beteiligten, so daß mit Recht festgestellt wird:

» *Die Fähigkeit zu echter Teamarbeit auf allen Stufen wird zu einem zentralen Erfolgsfaktor [36].* «

» *Um die komplexen Probleme lösen zu können, sind neue Wege über «offene Systeme» zu erkunden (...), wobei interdisziplinäre Teamarbeit Voraussetzung ist [37].* «

Prozeßorientiertes Arbeiten bedeutet also immer auch Teamarbeit. Dabei können prozeßorientierte Teams auf allen Ebenen des Unternehmens von der Geschäftsleitung bis zur Sachbearbeiterebene existieren.

Auf Arbeitsplatzebene ist Prozeßorientierung dadurch zu realisieren, daß in organischen Arbeitsteams alle Prozeß-Schritte für einen Auftrag komplett bearbeitet werden. Das so entstandene Team entwickelt sukzessiv die dafür notwendigen Anforderungen.

Teamführung findet dann über einen Teamleiter statt, der von der Gruppe gewählt oder vom Management in Übereinstimmung mit dem Team benannt wurde. Der Teamleiter ist mitarbeitendes Team-Mitglied und nimmt seine Arbeitsfunktion wahr. Gleichzeitig obliegen ihm die Teamsteuerung sowie die Vertretung des Teams in höher angesiedelten Management-Teams, in denen die Leitplankendefinition für notwendige und übergreifende Steuerungsprozesse der Basis-Teams erfolgt.

Prozeßorientierte Teamführung ist durch folgende wichtige Merkmale gekennzeichnet:

- Der Teamleiter hat die Rahmenbedingungen dafür zu schaffen, daß ein Team erfolgreich arbeiten kann.
- Der Teamleiter ist Coach und Trainer für die Team-Mitglieder, unterstützt sie bei Problemlösungen und sonstigen Schwierigkeiten.
- Jedes Team-Mitglied ist Unternehmer in seinem Aufgabengebiet und mitverantwortlich für alles, was damit zusammenhängt.
- Die Teams arbeiten nach dem Prinzip der Selbstreferenz und werden so geführt. Das bedeutet, daß alle Handlungen auf das Team zurückwirken und somit Ausgangspunkt des weiteren Geschehens sind.
- Die Teamführung läßt Spielräume zu, in denen sich das Team selbst organisiert, steuert, kontrolliert und selbständig Entscheidungen trifft.
- Der Teamleiter ist verantwortlich für die Kommunikation im Team und die Koordination im Rahmen des unternehmensweiten Team-Netzwerkes.
- Der Teamleiter ist selbst weitgehend ins operative Geschehen eingebunden und nimmt die Führungsaufgabe zusätzlich wahr, ohne daß damit notwendigerweise der gewohnte disziplinarische Vorgesetztenstatus verbunden ist.

Total Quality Management und Teamführung

TQM als ganzheitliches Führungsmodell

Wohl kaum ein Managementmodell hat in den letzten Jahren die Ansichten über Arbeits- und Führungsprozesse so stark beeinflußt wie das Total Quality Management (TQM). TQM stellt ein ganzheitliches Führungsmodell dar mit dem Ziel «Business Excellence». Dabei wird der Begriff wie folgt definiert [38]:

» TQM ist eine auf der Mitwirkung aller ihrer Mitglieder beruhende Führungsmethode einer Organisation, die Qualität in den Mittelpunkt stellt und durch Zufriedenstellung der Kunden auf langfristigen Geschäftserfolg sowie auf Nutzen für die Mitglieder der Organisation und für die Gesellschaft zielt. «

Qualität – im herkömmlichen Sinn fast immer mit Produktqualität assoziiert – wird als umfassende Managementaufgabe gesehen. Das TQM-Konzept umfaßt folgende Elemente [39]:

1. einen mehrdimensionalen Qualitätsbegriff
Wenn das Ziel «Business Excellence» erreicht werden soll, dann umfaßt Qualität neben der Produkt- und Dienstleistungsqualität auch die Qualität der Prozesse, die Qualität der Arbeit und die Qualität der Außenbeziehungen (Umwelt).

2. Qualität als unternehmensweite Aufgabe
Einzubeziehen sind alle Bereiche und Abteilungen des Unternehmens. Die aktive Einbeziehung der Mitarbeiter ist Grundvoraussetzung. Führungskräfte müssen Qualität als Führungsaufgabe begreifen und eine Vorbildfunktion übernehmen.
Zur Einbeziehung der Mitarbeiter sind entsprechende Team- und Kleingruppenkonzepte zu realisieren.

3. Prävention durch Kunden- und Prozeßorientierung
Kundenorientierung bedeutet, daß nur die dauerhafte Zufriedenheit der externen Kunden den alleinigen Qualitätsmaßstab bildet. Daraus leitet sich ab, daß auch im Unternehmen selbst das Denken in Kundenanforderungen im Sinne interner Kunden-Lieferanten-Beziehungen vollzogen werden muß, um Qualität präventiv umsetzen zu können.
Prozeßorientierung bedeutet die verstärkte Beleuchtung von Prozessen und Arbeitsabläufen, um frühzeitig qualitätsfördernde Eingriffsmöglichkeiten zu schaffen. Damit ist dann auch eine

ergebnisorientierte Qualitätssicherung obsolet. Die Prozesse beginnen mit umfassenden abteilungsübergreifenden Geschäftsprozessen bis hin zu detaillierten arbeitsplatzbezogenen Einzelprozessen.

TQM ist Management des Wandels. Führung versteht sich in diesem Konzept als dynamischer Prozeß zur Schaffung von Handlungsfreiräumen. «*TQM bedeutet, das gesamte Unternehmen komplett auf Teamorganisation umzubauen* [40].»

Zurecht wird darauf verwiesen [41], daß TQM eine neue Sichtweise des Managements gegenüber dem Mitarbeiter und der Arbeit darstellt, was sich insbesondere in folgenden Punkten zeigt:

- Will man umfassende Qualität für den Kunden, dann muß man Qualität in die Mitarbeiter «einbauen», denn sie stellen ja die abzunehmende Leistung her.
- Der Führungsstil muß stärker mitarbeiterbezogen sein. Führungskräfte konzentrieren sich deshalb mehr auf das Management des Inputs, des Outputs und der äußeren Bedingungen der Arbeitsprozesse. Sie kommen viel stärker in die Rolle des Beraters, Helfers und Unterstützers.
- Einbeziehung der Betroffenen und Teamarbeit
  TQM setzt voraus, daß vielfältige Tätigkeiten nicht mehr durch individuelle Einzelarbeit, sondern im Team geleistet werden.
- Ständiges Lernen und kontinuierliche Verbesserung aller Leistungen und Prozesse sichern die Überlebensfähigkeit des Unternehmens – vom Topmanagement bis zum letzten Mitarbeiter.

In Bild 2.3 sind die relevanten Aspekte des TQM-Modells noch einmal zusammengefaßt dargestellt.

Total Quality Management
Dimensionen eines ganzheitlichen Führungsmodells

- Kundenorientierung hat absoluten Vorrang (extern und intern)
- bereichs- und funktionsübergreifendes Qualitätsdenken und -handeln
- umfassende Mitarbeiterorientierung durch persönliche Qualitätsverantwortung aller

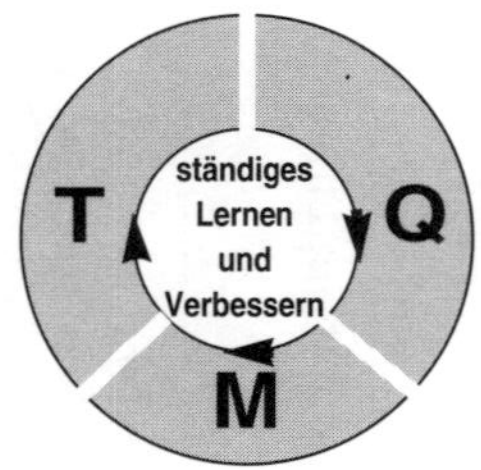

- Qualität des Unternehmens
- Qualität der Prozesse
- Qualität der Arbeit
- Qualität der Außenbeziehungen (Umwelt)
- Qualität der Produkte und Dienstleistungen

- Qualität ist Führungsaufgabe auf allen Ebenen
- Prozeßmanagement einführen
- Teamstrukturen schaffen
- kontinuierliche Prozeßverbesserung auf allen Ebenen
- Qualitätsstrategie, Qualitätspolitik und Qualitätsziele definieren

Bild 2.3 Dimensionen des TQM-Modells

Mittlerweile ist vielen Managern und Mitarbeitern klargeworden, daß es der Kunde ist, der ihr Gehalt bezahlt, und nicht die Firma.

Unternehmen sind deshalb sehr bemüht, ihren (externen) Kunden ein hohes Maß an Zufriedenheit zu verschaffen, angefangen beim Produkt über den Service, die fehlerfreie Auftragsabwicklung usw. Nun stellt sich im Zeitalter von TQM plötzlich die Frage der Kundenorientierung in einem ganz neuen Zusammenhang, denn ein erheblicher Teil des Außenauftritts eines Unternehmens wird qualitativ innen – also im Unternehmen selbst – bestimmt, wie in Bild 2.4 dargestellt.

Folgerichtig stimmt die Aussage des Qualitätsspezialisten JURAN: «Wer in einem Unternehmen die Prozesse nicht beherrscht, beherrscht gar nichts in einem Unternehmen». Man-

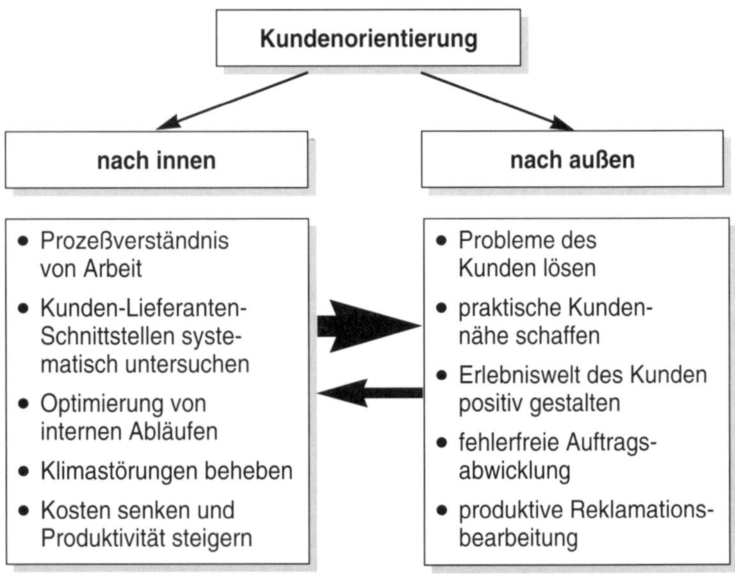

Bild 2.4 Interne und externe Kundenorientierung

gelnde Prozeßbeherrschung führt automatisch zu Schwächen, Fehlern, Pannen und Ungereimtheiten draußen beim Kunden. Also müssen wir uns wieder einmal – vermutlich nicht zum letzten Mal – aus den Ruinen unserer Denk- und Verhaltensgewohnheiten erheben, denn es gilt den «internen Kunden» zu entdecken. Das bedeutet für viele Führungskräfte und Mitarbeiter ein radikales Umdenken, weil plötzlich jeder in einem Arbeitsablauf gleichzeitig Kunde und Lieferant ist und der Grundsatz gilt:

Der nächste in der Kette ist dein Kunde!

Demnach ist er auch wie ein richtiger externer Kunde zu bedienen, und zwar mit höchster Qualität, pünktlich, kostengünstig und freundlich. TQM verändert die Denkrichtung: weg vom ausschließlichen Ergebnisdenken – hin zur Prozeßorientierung in einer Kunden-Lieferanten-Kette. Qualität ist jetzt nicht mehr ein finales Ereignis, das in einer Endkontrolle durch Qualitätsprüfer oder Führungskräfte stattfindet, sondern muß auf allen Stufen eines Herstellungsprozesses – ob Produkt oder Dienstleistung – immer wieder aufs Neue erzeugt werden, denn Qualität kann man nicht am Ende einer Prozeßkette in ein Produkt «hineinprüfen».

Wie aus Bild 2.5 ersichtlich, ist jetzt jeder Mitarbeiter Kunde, Produzent, Qualitätsprüfer und Lieferant in einer Person.

Wird dieser Anspruch realisiert, treten automatisch Schnittstellenprobleme zutage, die bisher unter dem Deckmantel eingefahrener kollegialer Beziehungen verschwiegen, toleriert oder weggedrückt bzw. im Rahmen der Linienverantwortung vom Vorgesetzten als nicht existent angesehen oder zugegeben wurden.

Damit konnten naturgemäß interne Abläufe nicht systematisch optimiert werden, um z.B. eine schnellere Angebotsbearbeitung zu schaffen, Kundenreklamationen innerhalb von 24

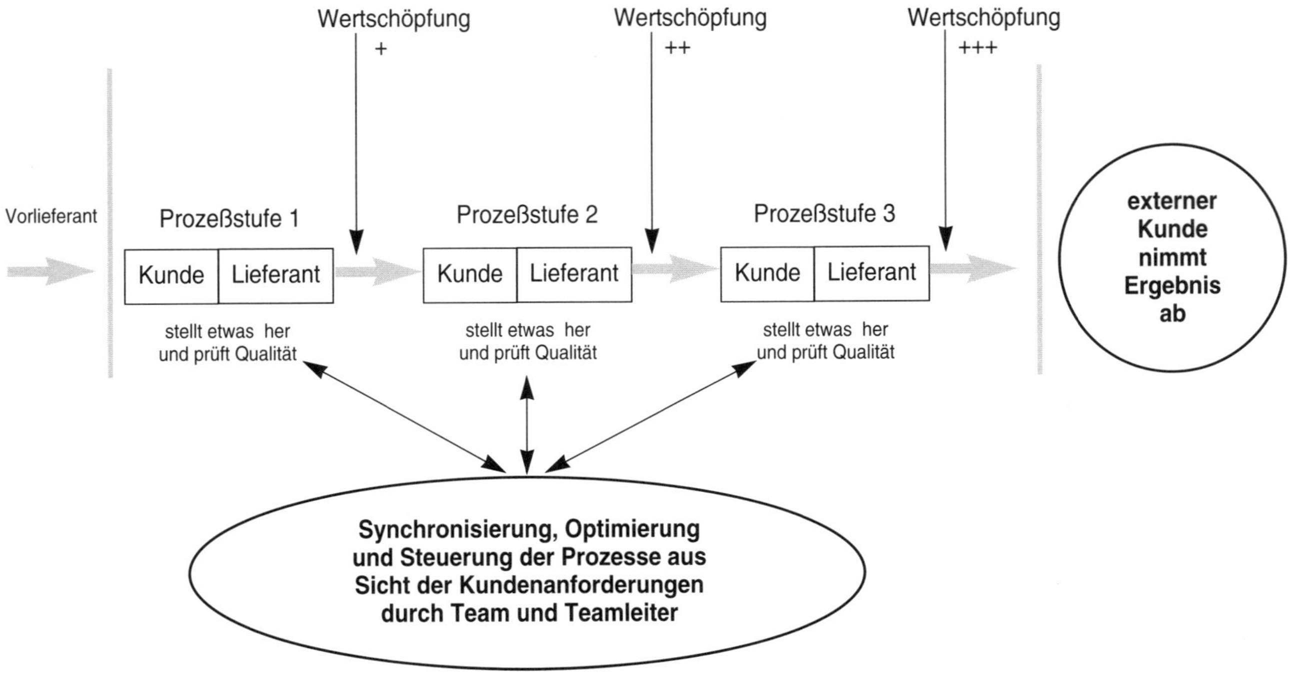

Bild 2.5 Das interne Kunden-Lieferanten-Modell

Stunden zu beantworten, Produktentwicklungszeiten von 8 auf 4 Monate zu reduzieren, Serviceeinsätze im 24-Stunden-Dienst zu organisieren, die Verweildauer der Außenstände von 60 Tage auf 30 Tage zu reduzieren usw.

Wie Sie sehen, erfordert das Denken und Handeln in Prozessen die Optimierung aller Abläufe zum Kunden hin. Gut gestaltete Kunden-Lieferanten-Ketten vertragen aber keine Bereichs-, Abteilungs- oder sonstige Hürden. Der externe Kunde zahlt jeden Arbeitsvorgang nur einmal. Alle Fehler, Schlampereien, unnötige Liegezeiten usw. zahlt das Unternehmen aus dem Gemeinkostenblock. Und sollte der Kunde jemanden finden, der seine Prozesse kostengünstiger gestaltet und dadurch bei gleicher Qualität preisgünstiger ist, gibt er einfach dort sein Geld ab.

Welche Anforderungen stellt nun das interne Kunden-Lieferanten-Modell an die Teamführung?

Zunächst einmal ändert sich aus Sicht der Führungskraft das Betätigungsfeld insofern, als sie jetzt für das Funktionieren einer ganzen Prozeßkette verantwortlich ist, wobei die Kriterien Zeit, Kosten und Qualität als Meßgrößen fungieren.

Da Qualität immer die Erfüllung von Anforderungen bedeutet, die der Kunde definiert, ist eine Bestandsaufnahme der internen und externen Kundenanforderungen erforderlich. Damit ändert sich aber auch die unmittelbare Führungseinwirkung auf den Mitarbeiter. Statt nur hierarchiedefinierter Gütekriterien ist jetzt im Team zu eruieren, was kundengerechte (Qualitäts-) Anforderungen sind.

Als für diesen Prozeß hilfreich hat sich in der Praxis die Bearbeitung der in Bild 2.6 gestellten 12 Fragen erwiesen.

Neben dieser aufgabenbezogenen Facette geht es zweitens um die Übertragung des Kunden-Lieferanten-Denkens auf das Verhältnis von Team und Teamleiter und ferner auf die Beziehung von Teamleiter zur nächsthöheren Managementebene.

Ist das Unternehmen in Teams organisiert, dann haben wir Teams unterschiedlicher Ordnung, wie in Bild 2.7 dargestellt.

12 Schlüsselfragen zur Umsetzung von TQM im Team

1. Wer sind wir?
2. Was genau ist unsere Aufgabe innerhalb der Organisation/Firma?
3. Wer sind unsere internen und externen Kunden?
4. Wer zählt zum Kreis der «wichtigsten» Kunden?
5. Was wollen diese Kunden von uns?
   Welche Erwartungen und Bedürfnisse haben diese Kunden und wie genau kennen wir diese?
6. Wo stehen wir heute im Hinblick auf die Befriedigung der Erwartungen und Bedürfnisse unserer Kunden?
7. Was ist der kurz-, mittel- und langfristig angestrebte wünschenswerte Zustand mit diesen Kunden?
8. Welches sind die «Schlüssel-Ergebnisbereiche»?
9. Welche Meßgrößen haben wir, um die «Schlüssel-Ergebnisbereiche» auch wirklich messen zu können?
10. Wie wollen wir zu diesen Größen kommen?
11. Welche Maßnahmen sollten zur Realisierung der Kundenwünsche und Ziele eingeleitet werden?
12. Fragen wir uns ständig:
    - Was können wir noch besser machen?
    - Sind wir auf dem richtigen Weg mit den eingeleiteten Maßnahmen?

Bild 2.6 TQM-Schlüsselfragen für die Teamanwendung

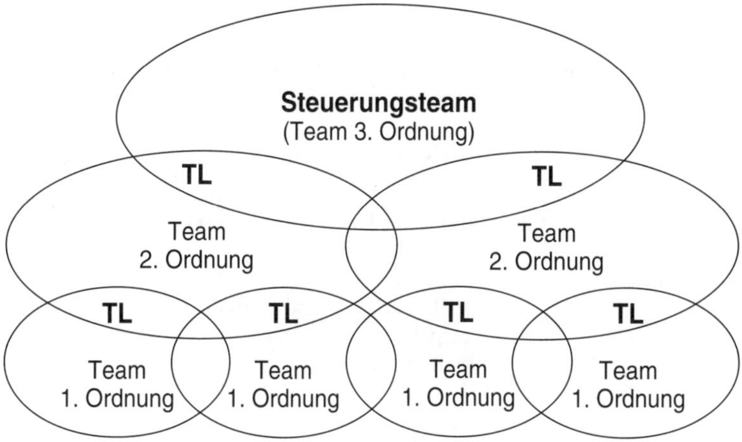

Bild 2.7 Team-Führungsorganisation im Unternehmen

Der Teamleiter selbst ist Kunde, indem er Leistungen vom Team einfordert; gleichzeitig ist er aber auch Lieferant, indem er Anforderungen des Teams erfüllen muß.

In den Teams 2. Ordnung ist der Teamleiter in der Rolle des Team-Mitglieds und insofern gegenüber dem Teamleiter 2. Ordnung (Bereichsteam) in einer Kunden-Lieferanten-Beziehung. So gesehen ist alles, was in einem Unternehmen geschieht, in Kunden-Lieferanten-Beziehungen aufschlüsselbar.

Diese organisationsinterne Veränderung stellt enorme Anforderungen an alle Beteiligten. In dieser Führungsstruktur ist «Führung nicht mehr auf die Fähigkeit einzelner Personen reduziert. Sie ist ein Qualitätsmerkmal des Systems, eine Frage des Zusammenspiels von Führungsteams in horizontaler und vertikaler Hinsicht in der gemeinsamen Sorge um die Funktionstüchtigkeit der jeweiligen Einheiten und um die Überlebensfähigkeit des Ganzen [42].»

Worin sich konkret die wechselseitigen Erwartungen im Kunden-Lieferanten-Modell zeigen, ist in Tabelle 2.1 dargestellt. Befragt wurden 24 Teamleiter zu zwei Aspekten:

- ☐ Was erwartet das Team als Kunde von mir als Lieferant?
- ☐ Was erwarte ich als Kunde vom Team als Lieferant?

	Was soll «geliefert» werden?
Teamleiter als Lieferant	1. Infos über Unternehmensstrategie und Unternehmensziele 2. Strukturen mit Zielabstimmung 3. Feedback (Lob und Kritik) 4. Motivation 5. positive Einstellung vermitteln 6. Offenheit 7. Rücken freihalten 8. Darstellung der Teamergebnisse nach außen 9. Verbindung zu anderen Teams schaffen 10. Mitarbeiterförderung nach Fähigkeiten
Team als Lieferant	1. Zielerreichung 2. frühzeitig Abweichungen melden mit Lösungsvorschlag 3. konstruktive Kritik üben 4. Bereitschaft zeigen, Verantwortung zu übernehmen 5. regelmäßiger Statusbericht

Tabelle 2.1 Erwartungen im Kunden-Lieferanten-Modell

Von Interesse ist natürlich, was die Teamleiter ihrerseits von den Team-Führungskräften der Teams 2. Ordnung erwarten. Die Ergebnisse zur Frage: «Was erwarten wir Teamleiter als Kunde von den Führungskräften der Teams 2. Ordnung?» finden Sie in Tabelle 2.2 abgebildet.

Die Ergebnisse der Teamleiter-Befragung in Tabelle 2.2 zeigen, wie bedeutsam in einer Teamorganisation die Kommunikation über Ziele und ein entsprechendes Controllingsystem sind. Die weitgehend selbständig und eigenverantwortlich agierenden Teams werden auf der Basis solcher Prozesse gesteuert und ausbalanciert.

	Was soll «geliefert» werden?
Team-Führungskräfte der Teams 2. Ordnung als Lieferant der Teamleiter	1. Infos über Unternehmensstrategie und Unternehmensziele 2 Gemeinsame Zielbearbeitung 3. Ziele rechtzeitig erarbeiten 4. Zielkonstanz 5. Feedback über Zielerreichung (Lob und Kritik) 6. regelmäßiger und offener Statusbericht über Unternehmensentwicklung 7. Darstellung des Erreichten nach innen und außen 8. Unterstützung bei definierten Zielvorgaben 9. Standards für Teamleiter (Was darf, muß, soll er (sie?)) 10. Qualifizierungsplan für Teamleiter 11. Einhalten von Zusagen 12. direkter Kontakt des Managements zu Mitarbeitern im Team

Tabelle 2.2 Erwartungen an Teamleiter von Teams 2. Ordnung

Als dritte Facette des Führens im Sinne eines Kunden-Lieferanten-Modells kommt etwas völlig Neues hinzu. Auch unternehmensintern muß der Dienstleistungsgrundsatz der freien Marktwirtschaft gelten:

» *Was kann ich tun, um meine Kunden (d.h. Kollegen, andere Mitarbeiter und Führungskräfte) und damit die Zweckgemeinschaft des Unternehmens noch erfolgreicher zu machen? [43]* «

Dies impliziert die ständige Suche nach Verbesserung aller Austauschprozesse eines Teams, worauf wir im nächsten Abschnitt noch detailliert eingehen werden.

Der Teamleiter muß also ständig die Daseinsberechtigung aller Abläufe im Sinne der kontinuierlichen Verbesserung im Team auf den Prüfstand stellen (lassen).

Das ist Führung, die sich ihre Zukunft immer wieder neu erfinden muß, denn sobald ein Team den erforderlichen Beitrag zur Kundenzufriedenheit nicht mehr liefern kann, ist sein Fortbestand gefährdet.

Diese Zukunftssicherungsfunktion als normaler, alltäglicher Bestandteil der Führungsaufgabe ist ungewohnt und erfordert viel neues Lernen auf allen Ebenen.

Führung als permanenter Wertschöpfungsprozeß

Der Gewinn eines Unternehmens entsteht nicht in irgendeinem Bereich (Einkauf, Produktion, Vertrieb usw.), obwohl viele Bereichsfürsten immer noch so denken und auftreten, sondern Gewinn ist die Differenz zwischen gelungenen und mißlungenen Wertschöpfungsprozessen.

Wie wir in Bild 2.5 gesehen haben, müßte ein Produkt von Prozeß-Stufe zu Prozeß-Stufe wertvoller werden, wenn der Prozeß wie geplant abläuft (positive Wertschöpfung). Daß dies in der Realität nicht so ist, erfahren wir tagtäglich.

Nur die in Tabelle 2.3 als *Nutzleistung* bezeichnete Wertschöpfungskategorie bezahlt der Kunde, alle anderen zahlt das Unternehmen [44].

Der Anteil mißlungener Wertschöpfungsakte ist immer unternehmensspezifisch und direkter Ausdruck der Management-Qualität auf allen Ebenen des Unternehmens. Wo allerdings TQM als Führungsmodell praktiziert wird, hat man genau diesem Phänomen den Kampf angesagt.

»*Auf dem Wege zu zufriedenen internen und externen Kunden gilt es, ständig Verbesserungen durchzuführen. (...) Es ist bisher nicht unsere normale Arbeitsweise, jede Tätigkeit ständig verbessern zu wollen und mit erreichten Zielen nicht zufrieden zu sein, sondern sie als Ausgangspunkt für die nächsten Verbesserungsmaßnahmen zu sehen [45].*«

1. Nutzleistung	Alle geplanten Prozesse im Unternehmen, die den Wert des Produktes bzw. Zwischenproduktes steigern und somit die am Markt umsetzbare Leistung erhöhen. (Werden vom Kunden bezahlt = positive Wertschöpfung.) **Beispiele:** Hauptzeiten der Bearbeitung, Montage, Entwicklung, Einkauf, Marketing
2. Stützleistung	Alle Pozesse, die die Nutzleistung in der Wertschöpfungskette unterstützen, damit das geplante Prozeßergebnis erreichbar ist. Stützleistungen sind zwar ebenfalls geplant, verteuern aber das Produkt ohne unmittelbare Wertsteigerung und sind deshalb auf ein Minimum zurückzuführen. (Werden nicht vom Kunden bezahlt.) **Beispiele:** Transport, Wareneingang, Zwischenprüfungen, Rüstzeiten, Werkzeugwechsel
3. Blindleistung	Entstehen durch Unvollkommenheiten in der geplanten Wertschöpfungskette. Blindleistungen entstehen ungeplant, führen zur Erhöhung der Herstellungskosten ohne entsprechende Wertsteigerung am Markt. (Werden vom Kunden nicht bezahlt und sind zu minimieren bzw. eliminieren.) **Beispiele:** Zwischenlager, Sicherheitspuffer, Transporte von und zu Puffern, Konstruktionsänderungen nach Freigabe
4. Fehlleistung	Entstehen infolge von unfähigen oder nicht unter Kontrolle stehenden Prozessen, die der Erstellung von Nutzleistungen dienen. Fehlleistungen vernichten Wertschöpfungsprozesse und sind von daher zu eliminieren. (Werden nicht vom Kunden bezahlt.) **Beispiele:** Falschlieferungen, Ausschuß, alle Fehlerfolgen

Tabelle 2.3 Leistungsarten und deren Wertschöpfungsanteil

Für japanische Manager scheint dies heute schon Realität zu sein, denn im allgemeinen geht man davon aus, daß ein Manager dort mindestens 50% seiner Zeit Verbesserungen widmet [46].

Nun ist im Rahmen von TQM-Konzepten der sogenannte *kontinuierliche Verbesserungsprozeß (KVP)* ein zentrales Element, und zwar aus drei Gründen:

- □ Es gibt bei Qualität keinen definierten Endzustand.
- □ Konsequente Kundenorientierung bedeutet Eliminierung aller Verschwendung in sämtlichen Prozessen, so daß nur noch wertschöpfende Tätigkeiten vorzufinden sind.
- □ Die Sicherung der eigenen Existenzberechtigung im Unternehmen erfolgt durch permanente Weiterentwicklung (produktiv-konstruktive Unzufriedenheit).

KVP setzt dort an, wo die Prozeßkenntnis am besten ist, nämlich bei dem, der den Prozeß ausführt: beim Mitarbeiter.

Dieser Prozeß ist im Sinne eines dauerhaften Verbesserungsmanagements von den Führungskräften zu organisieren, denn Verbesserung soll Bestandteil des Arbeitsalltags werden und kein Zufallsprodukt sein.

Man muß sich deshalb im Team konkrete Verbesserungsziele vornehmen und fest vereinbaren. Dazu bedarf es u.a. auch einer generellen Einstellungsänderung gegenüber Fehlern. Fehler wurden bisher fast immer als Makel, Dummheit, Beweis mangelnder Kompetenz usw. gesehen und zumeist personalisiert und entsprechend bestraft. Aus KVP-Sicht sind Probleme und Fehler aber ernstzunehmende Hinweiszeichen für vorhandene Verbesserungspotentiale.

Das setzt ein Klima der Offenheit und des Vertrauens voraus, in dem das Ansprechen von Problemen und Fehlern freudig begrüßt und nicht mißbilligend kommentiert wird. IMAI meint, daß «das Fehlen einer Philosophie der Verbesserung das krasseste und signifikanteste Versäumnis des westlichen Managements von heute» ist [47].

Leider erleben auch wir immer wieder Führungskräfte, die «keine Probleme» haben. Sie leiden am «Siegfried-Syndrom», d.h. der Illusion der Unverwundbarkeit. («Bei mir sind alle Leute klasse, da findet keiner einen Fehler!» – O-Ton eines Bereichsleiters.)

KVP setzt aber eine Lernkultur im Sinne des offenen Miteinanders im Kunden-Lieferanten-Modell voraus.

Das Management muß die Erlaubnis dazu erteilen, indem es u.a. die in Bild 2.8 dargestellten 10 KVP-Gebote den Mitarbeitern nahebringt, publik macht und selbst KVP Topdown praktiziert.

10 Gebote für die KVP-Arbeit
1. Du darfst Dein gewohntes Denken aufgeben.
2. Denke in Lösungen (WIE machen wir's?) und nicht in Schwierigkeiten. (Warum es nicht geht!)
3. Du sollst alles bisherige Tun in Frage stellen.
4. Es gibt keine 100%-Lösungen, deshalb tu das, was jetzt sofort zur Verbesserung führt.
5. Melde und korrigiere Fehler sofort, denn sie multiplizieren sich sonst.
6. Suche die Wurzel des Fehlers und frage mehrfach mit WARUM.
7. Suche nach Verbesserungen auch dann, wenn keine Fehler sichtbar sind.
8. Finde einfache Lösungen.
9. Im Team lösen wir Probleme besser als allein.
10. KVP ist nie zu Ende.

Bild 2.8 Die 10 KVP-Gebote

Im Sinne der 10 KVP-Gebote bedarf es eines glaubhaften Motivationsmanagements durch alle Führungskräfte, denn die meisten Mitarbeiter haben eine völlig andersgeartete berufliche Lernstrecke hinter sich.

Für den Teamleiter heißt das konkret, daß er KVP-Ziele mit dem Team vereinbart, eine offensive Informationspolitik im Team über den Soll-Ist-Stand der KVP-Bemühungen betreibt und systematisch eine Analyse wertschöpfungsbeeinträchtigender Prozesse im Team vornimmt.

Ein praxiserprobtes Verfahren dazu ist die Prozeßketten-Analyse, auf die wir in Kapitel 4 noch ausführlich eingehen werden.

Im nachfolgenden Abschnitt möchten wir Ihnen jetzt zwei Beispiele aus teamorientierten Unternehmen vorstellen, so daß Sie ein Abbild davon bekommen, wie Teamarbeit und Teamführung in der Praxis gestaltet wird.

Praxisbeispiele teamorientierter Unternehmen

Erfreulicherweise begreifen einige Unternehmen, daß die unternehmerische Verantwortung nicht mehr ausschließlich in der Top-Leistungsebene angesiedelt werden kann. Statt Organigramm-Kosmetik zu betreiben, gehen verantwortungsvolle und weitsichtige Manager daran, ihre Unternehmen radikal umzukrempeln.

Sie organisieren sich dabei vom Markt und den Kundenbedürfnissen her und kommen folgerichtig zur Entschlackung ihrer bislang funktional-hierarchisch gegliederten Linienorganisation, indem sie team- und prozeßorientierte Organisationen (er)finden.

Wie zwei sehr erfolgreich arbeitende Unternehmen diese Restrukturierung angegangen sind, wird nachfolgend dargestellt.

1994 entschloß sich die Firma Kenngott International, die Nummer 1 im Treppenbau und 150mal in Europa vertreten, die bislang sehr arbeitsteilige, hierarchische Abteilungsorganisation auf eine Teamorganisation umzustellen. [48]

Auslöser dafür waren die gestiegenen Kundenanforderungen, härterer Wettbewerb und eine zu statische Reaktion der bisherigen Organisation auf diese Herausforderungen.

In vielen Bereichen des Unternehmens – vom Verkauf über die Konstruktion bis zur Produktion – wurden Teamkonzepte realisiert.

Besonders erfolgreich wurde der Geschäftsprozeß «Kaufmännische Auftragsabwicklung» in Teams organisiert. Die althergebrachte funktionale Abteilungsorganisation (Bild 2.9) hatte folgende Mängel:

- □ unzureichende Kundenorientierung (jede Abteilung war für 50 Niederlassungen und mehr als 100 Außendienstmitarbeiter zuständig);
- □ zu lange Auftragsdurchlaufzeiten (80% der Durchlaufzeit waren uneffektive Liegezeiten im Büro);
- □ lange Wege durch die räumliche Trennung.

Durch Teamorganisation (Bild 2.9) wurden nun fachübergreifende Verkaufsinnendienstteams gebildet, die die Aufträge für eine Verkaufsregion von A bis Z abwickeln, d.h. von der Auftragsannahme bis zur Rechnungsstellung.

Für Kenngott ist Zufriedenheit des Kunden das oberste Unternehmensziel. Diesem Ziel ist man durch Teamorganisation einen erheblichen Schritt näher gekommen.

Neben der drastischen Verringerung der Auftragsdurchlaufzeiten gab es Produktivitätsverbesserungen von über 30% in verschiedenen Bereichen.

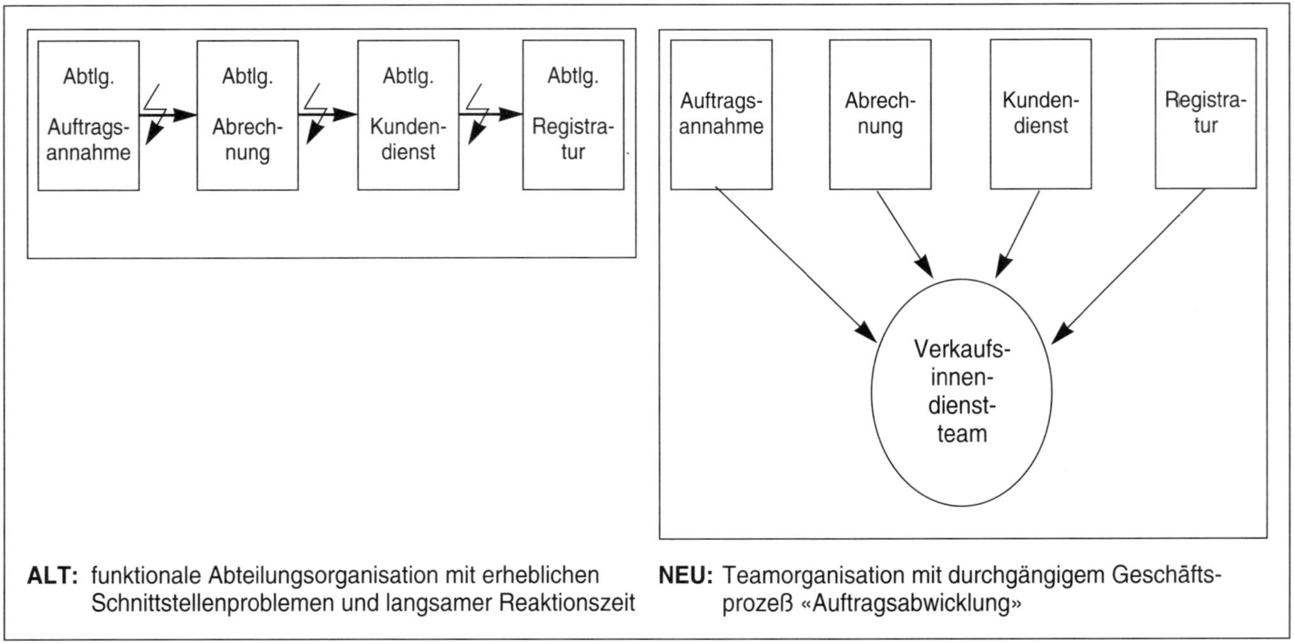

Bild 2.9 Funktionale und teamorientierte Organisation «Auftragsabwicklung»

Die Rahmenbedingungen für eine erfolgreiche Restrukturierung in Teams beschreibt Kenngott wie folgt:

- *Die Geschäftsleitung braucht den Willen wie auch die Überzeugung, daß Teamarbeit die Organisationsform der Zukunft ist.*
- *Die Anforderungen an die Führungskräfte werden viel höher. Gefragt ist der Coach, der die Teams berät, Synergien fördert, eine auf Vertrauen basierende Leistungskultur aufbaut statt einseitig Anweisungen zu geben.*
- *Eine offene, begleitende Informationspolitik während und nach der Restrukturierungsphase.*
- *Teambesprechungen sind verpflichtender Kulturbestandteil. Dafür müssen klare Richtlinien für alle Teams vorhanden sein.*
- *Klare und ehrgeizige Ziele sind wichtig für den schnellen Teamerfolg.*
- *Für die Teamorganisation ist es notwendig, geeignete Führungs- und Steuerungsgrößen zu entwickeln. Die Teams sowie alle Mitarbeiter erhalten regelmäßig Informationen über die Markt- und Unternehmensentwicklung.*
- *Innerhalb des Teams sollen sich die Mitarbeiter gegenseitig vertreten und unterstützen (Rotationsprinzip), um unterschiedliche Arbeitsbelastungen schnell ausgleichen zu können.*
- *Die Teamstruktur und der Prozeß der ständigen Verbesserung sind durch Anwendung von Zielvereinbarungs- und erfolgsbezogenen Vergütungssystemen zu unterstützen.*

Der Erfolg gibt den dynamischen Unternehmern Kenngott recht. Für ihr Unternehmen ist Teamarbeit ein zentraler Erfolgsfaktor geworden. Mit vielen Stützungsmaßnahmen, u.a. ein umfangreiches Team-Trainingsprogramm, wird für die ständige Qualifizierung der Team-Führungskräfte und Team-Mitglieder gesorgt.

Im Jahre 1990 erfolgte im Rahmen eines Restrukturierungsprojektes bei der Danfoss GmbH in Offenbach eine radikale Änderung der Gesamtorganisation.

Handlungsleitend waren die stringente Organisation vom Markt her und die Schaffung von Teams. Das gesamte Unternehmen ist in strategischen Geschäftsfeldern, strategischen Geschäftseinheiten und strategischen Geschäftssegmenten teamorientiert aufgebaut.

Mit einer außerordentlich umsichtigen und dennoch konsequenten Führung gelang es innerhalb kürzester Zeit, das Gesamtunternehmen umzubauen. Dabei wurden u.a. folgende Grundsätze als Handlungsplattform festgeschrieben [49].

Grundlagen der Personalpolitik

Unser Umgang miteinander ist geprägt von Achtung voreinander, Vertrauen zueinander und Verständnis sowie Verantwortung füreinander.
Alle Mitarbeiter(-innen) sind an der Meinungsbildung und Entscheidungsfindung innerhalb ihrer Teams beteiligt.
Die persönliche und fachliche Entwicklung wird gefördert.
Die Entlohnung erfolgt leistungsbezogen durch feste Gehälter.

Grundlagen der Führung und Organisation

Wir organisieren uns vom Markt her.
Dabei wird als Organisationsform das Team gewählt.
Jeder Mitarbeiter beauftragt, organisiert, motiviert und kontrolliert sich selbst.
Die Vorgesetzten sorgen für den Aufbau von Fähigkeiten, Fertigkeiten und Infrastruktur.

Das Gesamtunternehmen ist in drei strategischen Geschäftsfeldern organisiert, die ihrerseits je drei bis fünf strategische Geschäftseinheiten umfassen.

Von der Geschäftsleitung bis zum Mitarbeiter sind alle in Teams organisiert (vgl. Bild 2.7). Abhängig von der Größe des Teams gibt es einen Vorgesetzten als Teamleiter oder einen gewählten Teamsprecher.

Da das Team die Organisationsform ist, hat man im Steuerungsteam (Geschäftsführer und Leiter der drei strategischen Geschäftsfelder) folgende Rahmenvereinbarung für Teamarbeit erarbeitet:

- □ *Teilautonomie bedeutet Zulassung von Spielräumen, in denen sich ein Team selbst gestalten und damit seine Handlungen auch selbst lenken kann.*
- □ *Das Team erhält eine Identität, nicht jedoch eine eigene Unabhängigkeit.*
- □ *Für jedes Team-Mitglied werden bewußt Mehrfachqualifikationen aufgebaut.*
- □ *Selbstreferenz bedeutet, daß alle Handlungen auf das Team zurückwirken und Ausgangspunkt des weiteren Geschehens sind. Nur so ist der innere Antrieb für kooperatives Verhalten erreichbar.*
- □ *Eine Veränderung des Handelns kann nur erreicht werden, wenn alle Beteiligten es können, dürfen und wollen.*
- □ *Autonomie ist nicht Demokratie.*
- □ *Immer in Möglichkeiten denken, nicht in Schwierigkeiten.*

Bei Danfoss ist man überzeugt davon, daß die ständig steigende Qualitätsanforderung der Kunden (der Kunde erwartet «Customers delight») und die zunehmende Aufgabenkomplexität nur durch Teamorganisation zu bewältigen sind. Im Rahmen der Teamarbeit kommt natürlich der Teamführung eine ganz besondere Bedeutung zu, weshalb die nachfolgenden Spielregeln für Teamarbeit gelten:

Spielregeln für die Arbeit aller Teams und deren Leiter
Dem Teamleiter kommt zentrale Bedeutung zu:
Er ist sowohl für die **Kommunikation innerhalb seines Teams** als auch für die **Koordination mit anderen Teams** verantwortlich.
Zu seinen Aufgaben gehören:

- ☐ *Setzen der Bandbreiten, in denen ein Team arbeiten soll.*
- ☐ *Wechselwirkung zwischen Unternehmens- und Teamzielen aktiv beeinflussen und herausfordernde Teamziele vermitteln.*
- ☐ *Vereinbarte Standards verfolgen und Impulsgeber (Triebfeder) für TQM sein.*
- ☐ *Trends erkennen, vordenken und analysieren und darüber reden.*
- ☐ *Aktiv zuhören und für offene Diskussionen sorgen.*
- ☐ *Coach und Trainer für die Team-Mitglieder sein (Unterstützung bei Problemlösung).*
- ☐ *Integration von neuen Mitarbeitern.*
- ☐ *Sicherstellung des Informationsaustausches.*
- ☐ *Ausgleich von Meinungsverschiedenheiten innerhalb des Teams.*
- ☐ *Vorbereitung und Leitung der Gruppengespräche.*
- ☐ *Vertretung von Gruppenbelangen nach außen.*
- ☐ *Koordination mit anderen Teams.*

Qualifizierungsmaßnahmen *sollen die Mitarbeiter fördern. Diese können bausteinartig angelegt werden, da nicht alle Team-Mitglieder über das gleiche Qualifikationsniveau verfügen.*
Das Team sollte dabei seinen Qualifikationsbedarf selbst bestimmen bzw. ermitteln – mit Unterstützung durch den Vorgesetzten. Es deuten sich schon heute Qualifizierungsmaßnahmen in drei Bereichen als sinnvoll an:

1. *Fachliche Qualifikation*
- *Produktwissen, Systemkenntnisse*
- *Arbeitsorganisation*

2. *Soziale Kompetenz*
- *z.B. Konfliktlösungsfähigkeit, Teamfähigkeit*

3. *Methodische Kompetenz*
- *z.B. Moderationstechnik*
- *Koordination und Organisation*
- *kontinuierlicher Verbesserungsprozeß*

Ein besonderes Credo von Danfoss ist die spürbar gelebte, offene Teamkultur – auch ein Verdienst einer vorbildhaften Führungsarbeit von oben. Vertrauen muß man halt geben, bevor man es geschenkt bekommt.

Der Teamleiter – Dompteur, Regisseur, Jongleur oder was?

Die Führung von Teams ist angesichts der bisherigen Erörterungen eine anspruchsvolle und herausfordernde Aufgabe. Wir möchten nachfolgend die wichtigsten Aspekte aufzeigen, die dem Teamleiter hierbei zukommen. Dabei geht es uns nicht um eine Aufarbeitung von Führungstheorien – das ist anderweitig gut gelöst [50] –, sondern um eine Positionierung der Team-Führungsaufgabe im Spannungsfeld von Leiten und Begleiten, von notwendiger Dominanz und erforderlicher Integration, von Führung und Selbststeuerung.

Integration von Führung und Selbststeuerung des Teams

Die Team-Führungsaufgabe wird ganz unterschiedlich bewertet. Einerseits wird Teamführung als «*der wichtigste Faktor für die Bestimmung der Qualität von Teamarbeit*» [51] gesehen, andererseits neigen viele dazu, «*die Rolle und Verantwortung des Teamführers überzubewerten, und schaffen damit unrealistische Erwartungen und Bedingungen für die Teamführung*» [52].

Stellt sich also die Frage, was der Teamleiter nun tatsächlich ist: Dompteur, Regisseur oder Jongleur? Und die Antwort lautet: von allem ein wenig. Sollten Sie jetzt von dieser Antwort enttäuscht sein, dann spiegelt dies eine wichtige Facette des momentanen Führungsalltags wider: das Leben mit und in nicht mehr vollständig definierten bzw. definierbaren Situationen.

Führung selbst wird neu definiert. Sie zeigt sich darin, «*Rahmenbedingungen zu schaffen, die es normal intelligenten Mitarbeiterinnen und Mitarbeitern ermöglicht, ihre Aufgaben selbständig und effizient zu erfüllen*» [53].

Führung und Selbstorganisation sind also nicht mehr als sich aufhebende Gegensätze zu sehen. Eine ganze Reihe bisher gewohnter Führungsaufgaben gehen – je nach Reifegrad – in die Verantwortung eines Teams über.

Wieweit das im einzelnen geht, ist in fast allen teamorientiert arbeitenden Organisationen unterschiedlich geregelt.

Es gibt Teamleiter, die sind vom Team gewählt und haben keine disziplinarischen Befugnisse; ferner gibt es den Vorgesetzten als Teamleiter mit Disziplinarbefugnissen. Dann finden wir im Rahmen teilautonomer Teamkonzepte Teamsprecher, die als normal mitarbeitendes Team-Mitglied zusätzlich diese Rolle ausüben.

Wie auch immer die Kompetenzgestaltung aussieht, letztlich ist es ein Ausbalancieren zwischen Halten und (kontrolliertem) Loslassen.

In erster Linie müssen Teams ökonomisch nachweisbare Erfolge aufweisen; insofern kommt dem Teamleiter die in Bild 2.10 dargestellte Steuerungs- und Integrationsaufgabe zu.

Jeder Teamleiter hat eine Lokomotions- und Kohäsionsfunktion [54] wahrzunehmen. Diese bereits seit den 30er Jahren in

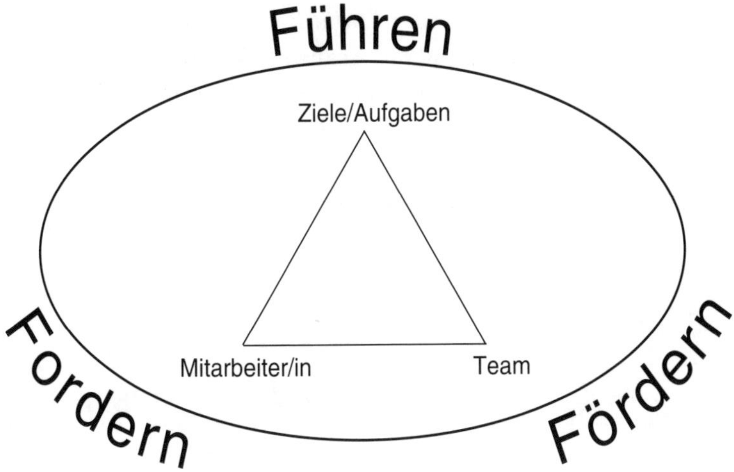

Bild 2.10 Steuerungsaufgaben des Teamleiters

der sozialpsychologischen Gruppenforschung festgestellten Führungsaufgaben beziehen sich einmal auf den Prozeß der Zielerreichung und aufgabenorientierten Organisation des Teams (Lokomotionsfunktion); zum anderen betreffen sie die Erhaltung des Teams, Schaffung einer guten Gruppenatmosphäre, Verständnis für Einzel- und Teambelange (Kohäsionsfunktion).

Beide Dimensionen des Führungsverhaltens entsprechen im übrigen auch den in Kapitel 1 (Tabelle 1.2) dargestellten Entwicklungsebenen des Teams.

Und auch in den Teams selbst finden wir diese Dimensionen als interne Bewertungsgröße wieder:

❞ *Eine Gruppe bewertet ihre Mitglieder stets in zweifacher Weise, entsprechend ihrem Leistungsbeitrag zur Erreichung des Gruppenzieles und hinsichtlich ihrer Beiträge zum menschlichen Zusammenhalt der Gruppe [55].* ❝

Im Rahmen sich wandelnder Organisationen ergibt sich auch eine andere Akzentuierung der Teamführung. Der Teamführer muß das Team zum Erfolg führen und gleichzeitig Bedingungen dafür schaffen, daß die Team-Mitarbeiter sich selbst führen können. Deshalb kommt den *3 F*'s (*F*ühren, *F*ordern, *F*ördern) eine besondere Bedeutung zu. Was sie im einzelnen bedeuten, ist in Tabelle 2.4 erklärt.

Die «3 F» der Teamsteuerung	
Führen	– Rahmenbedingungen für erfolgreiche Teamarbeit schaffen – leistungsorientierte Kultur aufbauen – Ziel- und Controllingsysteme entwickeln und anwenden – Feedback-Prozesse aufbauen – Selbststeuerungs- und Selbstorganisationsgrad gemäß Reifegrad des Teams entwickeln
Fordern	– prozeß- und kundenorientiertes Arbeiten einfordern – ständige Verbesserung aller Input-Output-Beziehungen des Teams nach innen und außen (KVP) – Flexibilität in den Aufgabenrollen (Rotationsprinzip) – Mitgestaltungsbeiträge kommen von allen – Anwendung standardisierter Arbeitsmethoden – Lernbereitschaft aktivieren («Wandel bringt Chancen») – teamunterstützendes Sozial- und Arbeitsverhalten
Fördern	– Entwicklung der Einzel- und Teamkompetenz in den benötigten Bereichen – Selbständigkeit und Reife des Teams entwickeln helfen – Coaching des Teams in Engpaßsituationen (Hilfe zur Selbsthilfe leisten)

Tabelle 2.4 Die 3 F's der Teamsteuerung

Führung nach dem 3-F-Konzept fordert den mehrfach qualifizierten, mitgestaltenden, mitdenkenden und mobilen Team-Mitarbeiter. Und bezüglich der Persönlichkeit des Teamleiters ist ganz klar zu sagen:

❞ *Eine starke, sicherheitsspendende Persönlichkeit und Teamfähigkeit schließen einander keineswegs aus, gemessen an den aktuellen Anforderungen an Führung bedingen sie einander [56].* ❝

Die scheinbare Paradoxie von Führung und Selbststeuerung hebt sich somit auf.

Ein Team braucht immer Führung, nur ist der benötigte leiterbedingte Steuerungsanteil situationsabhängig. Er kann in gewohnten, bekannten, gut beherrschten Leistungssituationen niedrig sein und bei neuen, risikobehafteten Anforderungen wieder zunehmen. Generell aber müßte sich im Sinne eines «lernenden Teams» der Selbststeuerungsanteil stetig erhöhen, wie in Bild 2.11 dargestellt.

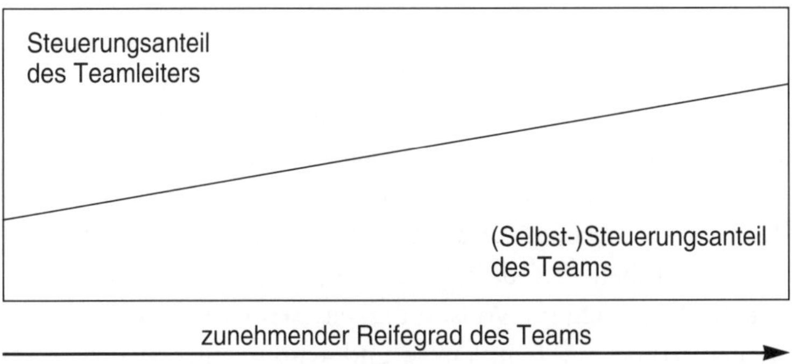

Bild 2.11 Teamsteuerung und Teamreifegrad

Teams sind kein Selbstzweck, sondern eine intelligente Organisationsform zur permanenten Steigerung der positiven Wertschöpfung. Es kommt also nicht darauf an – koste es, was es wolle –, den Selbststeuerungsanteil zu erhöhen.

Teams sind keine Selbsterfahrungsgruppen mit sozialtherapeutischem Touch. Auch der häufig gewählte Vergleich mit einem Orchester hinkt, denn in der Wirtschaft gibt es keine Proben, dort ist man Gewinner oder Verlierer.

Die vielfach anzutreffende «naive Teamorientierung», in der die Gleichung lautet: «viel Harmonie = mehr Kreativität = mehr Produktivität» stimmt nach unseren Erfahrungen nicht.

Teams brauchen Führung durch einen Teamleiter. Und in Teams existiert auch kein Machtvakuum, denn es muß entschieden werden – manchmal eben unpopulär, gegen das Team. Auch ein Team ist nur im Besitz von Teilwahrheiten.

Für effiziente Teamsteuerung nach dem 3-F-Konzept benötigt der Teamleiter bestimmte Kompetenzen (im Sinne von Befähigungen). Dabei kommt es neben der Fachkompetenz im angestammten Führungsfeld zunehmend mehr auf die in Tabelle 2.5 dargestellten drei Kompetenzarten an.

Wenn man Teamführung selbst als kontinuierlichen Verbesserungsprozeß versteht, dann wird mit einem Mal klar, daß es auch in der Führungsqualität keinen definierten Endzustand geben kann. Leider sehen das mit steigendem Hierarchie-Level immer weniger Führungskräfte ein.

Kombiniert man jetzt die 3-F-Komponenten (Führen, Fordern, Fördern) mit den 3 Kompetenzarten, so wird ersichtlich, was ein Teamleiter bezüglich seiner Rolle und der Rolle des Teams an Steuerungs- und Integrationsarbeit zu leisten hat.

Die in Tabelle 2.6 dargestellte Kompetenzen-Matrix erhebt keinen Anspruch auf Vollständigkeit. Sie hat sich in der praktischen Arbeit mit Teamleitern und Teams sehr bewährt. Zum einen zeigt sie auf, wie vielschichtig Teamführung ist, zum an-

Kompetenzart	Inhaltliche Beschreibung
strategisch-organisatorische Kompetenz	Hierunter fällt die Fähigkeit, komplette Zusammenhänge zu verstehen und daraus Handlungsanleitungen zu entwickeln, funktionierende Prozeßabläufe zu generieren, Rahmenbedingungen für wertschöpfungspositives Arbeiten zu gestalten, TQM-Orientierung zu schaffen, sowie der Aufbau eines Ziel- und Controllingsystems.
methodische Kompetenz	Hierunter versteht man die Fähigkeit, mit wirksamen Methoden alle erforderlichen Teamprozesse steuern zu können. Zu den dabei zu beherrschenden Methoden zählen u. a. TQM-Methoden, Ursachenanalyse, Kraftfeld-Analyse, Entscheidungsanalyse, Prozeßkettenanalyse, Moderationstechnik, Gruppengesprächstechniken, Mind-Map-Methode, Konferenz-Besprechungs-Technik, Präsentationstechnik, Projektmanagement-Techniken.
soziale Kompetenz	Hierunter versteht man die Fähigkeit, offene, konstruktive und produktive zwischenmenschliche Umgangsformen herzustellen und halten zu können. Dazu zählt dann u. a. Teamarbeitsfähigkeit herzustellen, Coaching von Mitarbeitern, aktiv Zuhören können, Kritikgespräche führen, Konfliktmanagement im Team, ermuntern und motivieren, angemessene Delegation von Verantwortung, Vertrauens- statt Mißtrauenskultur aufbauen, Coaching des Teams bei Schwierigkeiten

Tabelle 2.5 Kompetenzarten, die ein Teamleiter benötigt

deren gibt sie Teamleiter und Team die Möglichkeit zur Konkretisierung von teamspezifischen Bedarfslücken im Sinne eines internen Kunden-Lieferanten-Modells.

Die in der Kompetenzen-Matrix dargestellten Befähigungen erfordern eine Verschiebung in der Führungstätigkeit. Je mehr das Team an Selbststeuerungskompetenz gewinnt, um so mehr gibt der Teamleiter an gewohnten (Führungs-) Tätigkeiten ab. Das bedingt einen mehrfachen Lernbedarf.

	strategisch-organisatorische Kompetenz	methodische Kompetenz	soziale Kompetenz
Führen	– strategische Ausrichtung auf TQM, Kundenorientierung, KVP – Ziele vereinbaren und erreichen – Controlling-System aufbauen – organisatorische Voraussetzungen schaffen – internes Kundenmodell implementieren – Selbststeuerungsgrad des Teams erhöhen – Info-Fluß regeln – Feedback-Systeme aufbauen – Vertretung des Teams nach außen	– Teamsitzungen leiten – Moderation von Lösungsprozessen – Stärken-Schwächen-Analyse des Teams machen – Vorbild für methodisches Arbeiten sein durch Anwendung von Präsentations-, Projektmanagement-, Besprechungs- und Moderationstechniken	– konstruktive Leistungskultur durch teamorientierten Führungsstil – Konfliktmanagement – Team Feedback geben (Lob und Kritik) – Einzelgespräche führen – Team-Motivation – Coaching in Engpässen und Krisensituationen – positive Gesprächskultur aufbauen
Fordern	– Übernahme von Verantwortung für anspruchsvolle Ziele und Controlling – permanente Prozeßverbesserung (meßbar!) – aktive Prozeßbeteiligung aller – Lösungen einfordern – hohe Selbstorganisation jedes einzelnen – Mehrfachqualifikation erwerben	– Moderation von Teamsitzungen übernehmen – Anwendungen vereinbarter Standards und Methoden verlangen – selbständige Prozeß-Ketten-Analysen – Präsentationen übernehmen (intern und extern) – Kunden-Lieferanten-Anforderungen definieren	– Akzeptanz der Team-Mitglieder – konstruktiver Umgang miteinander – gegenseitiges Helfen bei Schwierigkeiten – sich ins Team einfügen – Kritik offen sagen und selbst annehmen – zuverlässig sein – Abweichungen von Standards, Zielen usw. frühzeitig melden
Fördern	– Hilfe bei Engpässen in der Zielerreichung – Problemlösungskapazität des Teams erweitern helfen – Seminar «Selbstorganisation» – teaminternes Prozeßlernen verstärken	– Training des Teams in allen wichtigen methodischen Tools und on the job – coachen in Engpaßsituationen oder auf Anforderung des Teams – ggf. Seminarbesuche: Moderationstechnik, Projektmanagement, Präsentationstechnik	– Feedback-Situationen im Team schaffen – persönliches Feedback geben über eigenen Teamfähigkeitsgrad – ggf. Seminarbesuche: Gesprächstechniken

Im Team selbst muß die Befähigung zur Beherrschung von Arbeitsprozessen aufgebaut werden (vgl. dazu Kapitel 3), und gleichzeitig sind Führungsfähigkeiten zu lernen.

Der Teamleiter seinerseits muß in die zweite Reihe zurücktreten, um die vorhandenen Teamressourcen voll zu aktivieren. Dazu bedarf es eines nicht-dirigistischen Führens, und durch die Betonung der Förderkomponente ist zusätzlich «Führungsdienstleistung» im Sinne von Coaching gefragt.

Nachfolgend werden wir – wegen der besonderen Bedeutung dieser beiden Dimensionen der Teamführung – kurz darstellen, was Team-Moderation und Team-Coaching für den Teamleiter konkret heißt.

In Kapitel 3 wird dann auf den wesentlich umfangreicheren Aspekt der generellen Kompetenzentwicklung im Team eingegangen.

Der Teamleiter als Moderator

In welcher Form auch immer Teams in Unternehmen anzutreffen sind – ob als Projektteams, Managementteams, Task-Force-Teams oder organische Arbeitsteams: sie alle brauchen einen Moderator. Das wird zunächst einmal der Teamleiter sein, später kann auch ein Team-Mitglied Moderationssequenzen übernehmen.

Worin liegt nun das Wesen der Moderation?

Moderierte Gruppenarbeit ist unter anderem deshalb so erfolgreich, weil ganz bestimmte Basisannahmen über das Verhalten von Menschen in Arbeitsgruppen unterstellt und darauf aufbauende Verhaltensweisen eingefordert werden. Die wichtigsten Basisannahmen der Moderation lauten:

- Gruppenprozesse sind so zu gestalten, daß sich alle Gruppenmitglieder in jeder Phase der Gruppenarbeit artikulieren können.

- □ Arbeitsprozesse in Gruppen sind so zu gestalten, daß jedes Gruppenmitglied jederzeit sehen kann, was erarbeitet wurde.
- □ Gruppenarbeit sollte nach der SOGE-Formel gestaltet werden, was bedeutet:
  Sammeln von Meinungen, Stimmungen usw.
  Ordnen von Beiträgen, Aussagen usw.
  Gewichten von Argumenten, Lösungen, Ursachen usw.
  Entscheiden, was zu tun ist.
  Sie können diese Formel auch rückwärts lesen, dann erhalten Sie «EGOS». (Wir warnen allerdings nachdrücklich davor, aus «EGOS» «SOGE» zu machen, weil dies dauerhaft Teams demotiviert.)
- □ Visualisierte Meinungsäußerungen sind rein sprachlichen (verbalen) vorzuziehen, denn wenn in Gruppen viel verbalisiert wird, leidet die Transparenz.

Moderation fördert durch aktivierende Gestaltung des Kommunikationsprozesses die Eigenverantwortung, Offenheit und aktive Mitarbeit aller Gruppenmitglieder. Der Moderator ist dabei der Motor, der den Gruppenprozeß antreibt und steuert. Eine Gruppe zu moderieren bedeutet folglich:

- begleitendes Steuern;
- anregen und fördern;
- ermutigen, unkonventionelle Ideen und Meinungen zu äußern;
- mehr fragen als sagen;
- mehr zuhören als reden.

Moderieren setzt einen bestimmten Umgangsstil mit der Gruppe voraus. Der Moderator tritt nicht als potentieller Besserwisser auf, der die schnellen Antworten und Lösungen parat hat. Er

- führt die Gruppe arbeits- und beziehungsmäßig;
- thematisiert Spannungen und Widerstände, statt sie wegzudrücken;
- kann selbst mit unklaren Situationen umgehen und Konflikte aushalten;
- hält die Gruppe auf Zielkurs, indem er sich selbst zurücknimmt, ohne den Führungsanspruch aufzugeben.

Dazu bedarf es einer gehörigen Portion methodischer und sozialer Kompetenz (Bild 2.12).

Anforderungen an den Moderator

Methodische Kompetenz

- sichere Handhabung der Gruppenarbeitstechniken
- Systematik in die Gruppenarbeit bringen
- mit der Gruppe zusammen Ziel setzen, Probleme definieren, Infos sammeln und verarbeiten
- Rahmenbedingungen vorgeben und Abläufe festlegen
- den «roten» Faden behalten

Soziale Kompetenz

- offene, konstruktive Atmosphäre schaffen
- Zusammenarbeit in der Gruppe beobachten und Entwicklung des Gruppenprozesses ansprechen
- auf Konfliktsignale achten und ggf. ansprechen
- Eigeninitiative der Teilnehmer fördern
- selbst sachlich und neutral bleiben
- nicht mit Teilnehmern um Fachkompetenz konkurrieren

Bild 2.12 Kompetenzen des Moderators [57]

Moderation setzt beim Moderator eine Ich+/Du+-Grundhaltung voraus, in der mit einer bestimmten Methodik gearbeitet wird. Hierzu gibt es mittlerweile reichlich Literatur [58, 59, 60].

Das Entscheidende an der Moderation als Führungsform ist

das hierarchiefreie Arbeiten. Jedes Team-Mitglied kann sich beteiligen und seine Erfahrungen zu den jeweiligen Arbeitsthemen beisteuern.

Für MEYERSEN steht deshalb fest:

» *Ein Unternehmen, das seine Mitarbeiter in moderierter Gruppenarbeit die Geschicke des Unternehmens mitgestalten läßt, kann eigentlich auf alle anderen Motivationsmaßnahmen (und -tricks) verzichten. Mitgestalten dürfte reichen [61].* «

Das moderierte Team erwartet meist keine inhaltlichen Lösungen vom Moderator, sondern eine methodisch fundierte Prozeß-Steuerung, denn in der Teamarbeit gibt es vier typische Fallen, in die Teams immer wieder hineingeraten.

Falle 1: In Teams gibt es keinen automatischen Strukturierungsprozeß. Deshalb braucht jedes Team prozeßsteuernde Moderation.
Falle 2: Ein Team hat kein Gedächtnis. Deshalb braucht man die visuelle Umsetzung des Team-Arbeitsstandes auf Pinwänden und Flipcharts.
Falle 3: In Teams gibt es keinen automatischen Feedback-Prozeß. Deshalb braucht man einen Moderator, der die Arbeitsfortschritte und -ergebnisse in verschiedenen Selbst-Evaluationen transparent macht.
Falle 4: In Teams gibt es keinen Selbstbeauftragungsmechanismus. Deshalb muß der Moderator für eine Ergebnisklärung in Form von Tätigkeitslisten sorgen.

Der Moderator erfüllt also zum Team hin eine mehrfache Dienstleistungsfunktion: Er optimiert Teamprozesse durch Einsatz geeigneter Techniken und fördert auf diese Weise gleichzeitig das instrumentell-methodische wie prozessuale und soziale Lernen im Team.

Durch das Lernen im Prozeß sind die Techniken nicht mehr «geistiger Besitzstand» des Teamleiters, weil über kurz oder lang jeder im Team diese Methoden beherrscht. So geht Führen und Fordern in Fördern über.

Der Teamleiter als Coach

In keinem Artikel über Teamführung fehlt der explizite Hinweis darauf, daß der Teamleiter jetzt viel mehr «Coaching-Aufgaben» wahrzunehmen habe. Der Begriff ist «in» und so schön diffus, daß man darunter so ziemlich alles rubrizieren kann, was einige Autoren dann auch tun [vgl. 62].

Was ist Coaching?

Der Begriff «Coach bezeichnet ursprünglich eine Kutsche, dann auch den Kutscher, der die Pferde dirigiert. In Anlehnung an diese Fähigkeit wurde das Wort auf den Trainer im Sport übertragen» [63].

In diesem Sinne wäre der Teamleiter dann Spielertrainer. Die Analogie zum Sport ist zwar eingängig und griffig, verkürzt aber das Thema unzulässig.

Im Management amerikanischer Prägung wird der Coaching-Begriff verwendet, um die ganz normale Führungsarbeit von Vorgesetzten zu bezeichnen, die in der Anleitung, Unterweisung, Beratung und Förderung von Mitarbeitern zur Bewältigung der Arbeitsaufgaben besteht.

In Deutschland hingegen «*hat der Begriff eine explosionsartige Ausweitung erfahren, vorwiegend im Zusammenhang mit der Einzelberatung für Führungskräfte durch einen externen Berater*» [64].

Allerdings ist auch festzustellen, daß ein merkwürdiges Umtaufen des Begriffs stattfindet. PC-Unterweisungen werden zu «*EDV-Einzelcoachings*», und Zeitmanagement-Seminare sind plötzlich «*persönliches Effizienz-Coaching*», wie LOOSS zurecht kritisch anmerkt [65].

Der Ausgangspunkt ist also zunächst immer noch die Einzelberatung. Der Begriff «Coach» wird dennoch zunehmend mehr verwandt, um die Akzentverschiebung in der Führungstätigkeit stärker zu verdeutlichen, nämlich:

» *(...) die ganzheitlich angelegte, konsequente Leistungsorientierung – und die Motivation, nicht sich selbst zu profilieren, sondern andere stark und erfolgreich zu machen. Das Geheimnis des Erfolgs liegt darin, den Partner genau zu kennen und richtig einzuschätzen und alle Maßnahmen auf seine individuelle Lernkurve abzustimmen. [66].* «

Damit ist nicht gemeint, daß die Führungskraft als Coach eine quasi-therapeutische Beziehung zum Mitarbeiter aufbaut. Die Enge, Vertrautheit, Offenheit und Intimität einer solchen Beziehung würde den Rahmen einer Arbeitsbeziehung völlig überfordern und brächte eine Menge Konflikte. Der Vorgesetzte übernähme einen «unmöglichen Auftrag, der darin besteht, sich als leistungsbewertender Wolf in partnerzentriertem Schafspelz des Beraters aufzuführen [67].»

Die vorrangige Erhöhung der Leistungsfähigkeit unter Berücksichtigung fachlicher, sozialer und persönlicher Engpaßbeseitigung ist angesagt. Insofern ist «*Coaching als engpaß-konzentrierter Entwicklungsprozeß*» zu sehen [68]. Und übertragen auf Teams, bedeutet dies «*zielorientierte Prozeßberatung* [69].»

Gemeinsam mit dem Team ist festzustellen, wo es stockt, wo Problemlagen sind, um dann den gewünschten Zielzustand zu formulieren, dazu passende Wege (Lösungen) zu finden und die Umsetzung im Team zu kontrollieren. Team-Coaching ist immer Maßanfertigung, zugeschnitten auf einen zu lösenden Engpaß. Die gemeinsame Bewältigung von Engpässen fördert die

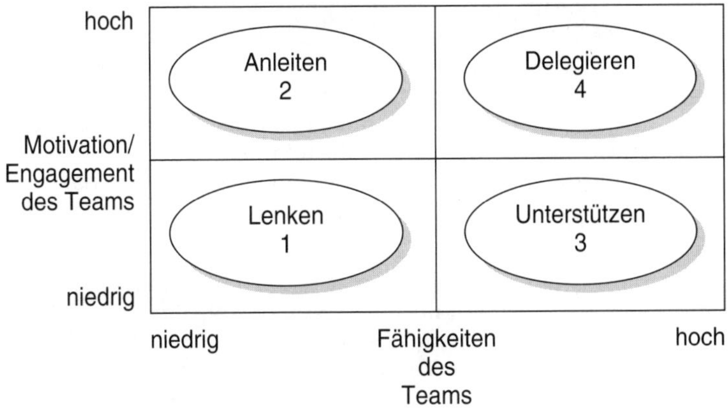

Bild 2.13 Coaching-Stil und Reifegrad des Teams

Teamidentifikation aller und steigert so ganz konkret den Reifegrad des Teams.

Ähnlich wie beim Einzelcoaching muß der Teamleiter den Team-Reifegrad bezüglich des zu coachenden Anliegens genau kennen. Wie wir bereits aus Kapitel 1 (vgl. Tabelle 1.2) wissen, bezieht sich der Reifegrad auf das Aufgaben- und Interaktionsverhalten im Team.

Team-Coaching wird also immer auch den Aspekt der Beziehungsklärung enthalten, da man Sache und Beziehung nicht trennen kann [70]. Das erfordert vom Teamleiter ein hohes Maß an sozialer Kompetenz.

Die Coaching-Stile

Da Coaching situationsbezogene Entwicklungshilfe ist, richtet sich die Art der Coaching-Intervention nach dem Zustand des Teams in der gerade aktuellen Lage.

Hilfreich für eine erste Teamdiagnose ist die von BLANCHARD u.a. [71] vorgeschlagene Differenzierung in die Kompetenz des Teams (im Sinne von Aufgabenreife) und Motivationslage des Teams (im Sinne von psychologischer Reife). Je nach Ausprägung der beiden Dimensionen ergeben sich die in Bild 2.13

Coaching-Stil	Verhaltensweisen des Teamleiters
1 = Lenken	– Teamleiter ist notwendigerweise stark fachlich engagiert. – Hat noch hohen Anteil an Situationsdefinition und Problemlösung. – Gibt präzise Anweisungen und hält das Team in enger Kontrollschleife bei der Aufgabenbewältigung.
2 = Anleiten	– Teamleiter trifft auf gut motiviertes Team mit noch mangelnder Aufgabenreife (Produktivität). – Die Vermittlung methodischer und fachlicher Aspekte steht im Vordergrund. – Er bittet das Team um Vorschläge, unterstützt Fortschritte, bespricht Entscheidungen und übernimmt noch die Gesamtkontrolle in Absprache mit dem Team.
3 = Unterstützen	– Teamleiter trifft auf schlecht motiviertes Team bei vorhandener, hoher Kompetenz. Hier ist emotionale Stabilisierungsarbeit gefordert. – Teamleiter fördert und unterstützt deshalb bei der Durchführung der Aufgabe und teilt (falls noch notwendig) die Verantwortung für die zu fällenden Entscheidungen mit dem Team. Die Kontrolle sollte zunehmend in die Eigenverantwortung des Teams übergehen.
4 = Delegieren	– Teamleiter hilft nur noch als Katalysator, macht Fallbesprechung, prüft Lösungsoptionen, gibt Anregungen, hilft Risiken abzuschätzen. – Überträgt dem Team die volle Verantwortung für die zu treffenden Entscheidungen, zu lösenden Probleme und die Erfolgskontrolle.

Tabelle 2.7 Coaching-Stil und Teamleiterverhalten

dargestellten vier Coaching-Stile *Lenken*, *Anleiten*, *Unterstützen* und *Delegieren*.

Wichtig ist, daß die vier Coaching-Stile immer auf das momentan zu bearbeitende Thema anzupassen sind. Insgesamt nimmt von Stil 1 bis Stil 4 die Aufgabenorientierung als Fachexperte ab und die Prozeßorientierung zu.

In Tabelle 2.7 finden Sie eine Beschreibung typischer Teamleiter-Verhaltensweisen bei Anwendung des jeweiligen Coaching-Stils.

Kapitel 3

KOMPETENZENTWICKLUNG DES TEAMS

Entscheidet sich ein Unternehmen, Teamarbeit einzuführen, so löst das immer einen mehr oder weniger intensiven Bedarf an Entwicklungsmaßnahmen aus. Der Bedarf ist dort besonders groß, wo wir organisationsidentische Teams mit unbefristeter Lebensdauer vorfinden, also organische Arbeitsteams bzw. teilautonome Arbeitsgruppen (vgl. Kapitel 1). Aber auch in Projektgruppen, Qualitätszirkeln usw. gibt es immer wieder Entwicklungsbedarf.

Was im einzelnen an konkreten Kompetenz-Entwicklungsmaßnahmen einzuleiten ist, ergibt sich analog der in Tabelle 2.6 aufgeführten strategisch-organisatorischen, methodischen und sozialen Kompetenz. Hinzu kommt dann noch der Entwicklungsbedarf, der sich aus fehlender fachlicher Kompetenz ergibt.

Insgesamt gesehen zielen alle Maßnahmen darauf ab, Teams möglichst schnell zur vollen Leistungsfähigkeit zu bringen.

Die Hauptauslöser [72] für Kompetenz-Entwicklungsmaßnahmen kommen aus zwei Bedarfsfeldern:

- □ mangelnde Methodenkenntnisse und/oder kommunikative Fähigkeiten,
- □ Störungen in der Zusammenarbeit im Team und/oder mit dem Teamleiter.

Bei neu gegründeten organischen Arbeitsteams wird es zunächst einmal vorrangig darum gehen, die Flexibilisierung des teaminternen Personaleinsatzes sicherzustellen, was nur über den Aufbau von Mehrfachqualifikationen bei möglichst vielen Team-Mitgliedern zu realisieren ist.

Oft ist aber auch der Fall gegeben, daß in bereits bestehenden Teams «Sand im Getriebe» ist: Man hat sich festgefahren, die Leistungsbereitschaft ruht, die Stimmung ist gereizt, Konfliktfälle häufen sich usw. Hier wird spezifischer Team-Entwicklungsbedarf deutlich, wobei im einzelnen ganz genau drei Aspekte [73] zu prüfen sind:

- Ist das gesamte Team oder sind einzelne Mitglieder schlecht motiviert?
- Fehlt es im Team an Fähigkeiten (Arbeitstechniken, Methoden, Standards usw.)?
- Kann das Team aufgrund äußerer Gegebenheiten nicht erfolgreich arbeiten (Ressourcen, Rahmenbedingungen usw.)?

Es stellt sich im Rahmen einer prozeßorientierten Teamarbeit immer die Kernfrage: «Welche Prozesse sind im Team zu beherrschen?» Daraus ergibt sich dann die konkrete inhaltliche Gestaltung einer Entwicklungsmaßnahme.

Nachfolgend werden wir auf die Thematik «Prozeßkompetenz» näher eingehen und das Instrument der «Prozeß-Befähigungs-Matrix» sowie einen praxiserprobten Ansatz zur internen Team-Kompetenzentwicklung vorstellen. Weiterhin geht es dann noch um die Qualifizierung des Teamleiters.

Multiple Prozeßbefähigung

Teamarbeit verändert die Qualifikationsanforderungen an Mitarbeiter meist erheblich. In der klassischen Linienorganisation war man daran gewöhnt, ein fest umrissenes Tätigkeitsfeld auszufüllen.

Der Schlosser repariert Maschinen, die Maschinenbediener

arbeiten an einer Maschine, der Sachbearbeiter in der Arbeitsvorbereitung terminiert Aufträge usw. Mit der Einführung von Teamarbeit ändert sich dieser Zustand drastisch. Gefragt sind plötzlich Mehrfachqualifikationen.

Der Schlosser soll neben Reparaturarbeiten auch Maschinen bedienen, die Maschinenbediener sollen eine ganze Reihe unterschiedlicher Maschinen – statt bisher nur einer – bedienen können, und der Sachbearbeiter soll in der Lage sein, einen Auftrag von der Anfrage bis zum Zahlungseingang komplett zu bearbeiten.

Flexibilisierung durch multiple Prozeßbefähigung ist ein Kernstück der Teamarbeit. Das Team soll im Sinne der Eigensteuerung bedarfsorientiert den Personaleinsatz regeln, um Kundenanforderungen möglichst schnell genügen zu können. Dazu bedarf es einer Mehrfachqualifikation aller Team-Mitglieder.

Und was sich jetzt so einleuchtend liest, ist nach unseren Erfahrungen in der Praxis oft ein steiniger Weg.

Zunächst einmal stößt die Forderung nach Qualifikationserweiterung beileibe nicht bei jedem Mitarbeiter auf freudige Zustimmung. Ferner gibt es viele Fälle von Cliquenbildung, wo eine Berufsgruppe, z.B. Schlosser, sich strikt weigert, andere als die bisher gewohnten Tätigkeiten auszuüben.

Und schließlich spielt die wahrgenommene und gelebte Unternehmenskultur eine wichtige Rolle. Unternehmen mit bisher wenig Zwang zur Veränderung tun sich besonders schwer, weil vom Management bis zum Arbeiter statisch gedacht wird (Besitzstandssicherung!).

Alle diese Schwierigkeiten sind lösbar, aber sie verlangsamen die Veränderungsgeschwindigkeit und führen damit oft zu unliebsamen Stockungen im Reorganisationsprozeß. Ein großer Teil der vorhandenen Berührungsängste kann durch offene Informationspolitik und frühzeitige Einbeziehung aller Beteiligten eingedämmt werden.

Im Team sollte deshalb sehr früh klar sein, welche Art von

Mehrfachqualifikation durch die Team-Mitglieder zu erbringen ist, damit durch geeignete Maßnahmen die Qualifikation bereits vor Umstellung auf Teamarbeit gezielt erhöht werden kann.

Die Prozeß-Befähigungs-Matrix

In einer prozeßorientierten Arbeitsweise stellt sich die Frage nach den von allen Team-Mitgliedern zu beherrschenden Kernarbeitsprozessen. Nur wenn diese Kernprozesse beherrscht werden, ist eine kundenorientierte, flexible, engpaßbeseitigende Teamleistung zu schaffen. Im ersten Schritt ist deshalb die Frage zu beantworten: «Welche Kernarbeitsprozesse müssen wir im Team beherrschen?»

Dazu ein Praxisbeispiel. Im Zuge eines Restrukturierungsprojektes wurde u.a. der Vertrieb der GdF Wüstenrot neu ausgerichtet. In einem Workshop mit der Vertriebsdirektion Süd wurde zunächst herausgearbeitet, welche Kernprozesse von den Organisationsleitern zukünftig zu beherrschen sind, damit qualitative Höchstleistungen in der Führung von Außendienstmitarbeitern gewährleistet werden können [74]. Als Ergebnis ergaben sich die in Tabelle 3.1 dargestellten Prozesse.

Damit sind die für alle Organisationsleiter zu beherrschenden Kernprozesse verbindlich festgelegt. Im nächsten Schritt erfolgt dann pro Kernprozeß eine Definition der darunterliegenden Einzelprozesse. Ferner wird festgelegt, durch welche Arbeitsmittel der jeweilige Prozeß standardisiert wird, so daß man führungsraumübergreifend Qualitätsstandards angleichen kann. Die Festlegung derartiger Standards zu Einzelprozessen eines Kernprozesses ist von enormer Bedeutung [75], denn:

- Erst Standards ermöglichen eine Qualitätskontrolle.
- Standards müssen dokumentiert, für die Beteiligten in Arbeitsmittel übersetzt und anwendbar gemacht werden.
- Standards schaffen eine individuelle Verantwortlichkeit.

Kernprozesse für Organisationsleiter-Teams
① Mitarbeiter suchen, auswählen und einstellen
② Mitarbeiter einarbeiten
③ Aktive Verkaufsunterstützung
④ Mitarbeiter-Führungsprozeß
⑤ Fachkenntnis-Schwerpunkte
⑥ Controlling und Ergebnissteuerung
⑦ EDV-Technik
⑧ Selbstorganisation

Tabelle 3.1 Kernprozesse für Organisationsleiter-Teams

- Wo es keine Standards gibt, gibt es keine Verbesserung.
- Standards sollen im Sinne eines kontinuierlichen Verbesserungsprozesses von immer besseren abgelöst werden.

Der nächste Schritt besteht nun darin, festzustellen, wieweit die Organisationsleiter in den jeweiligen Kernprozessen die geforderten Einzelprozesse tatsächlich beherrschen. Dazu erfolgt eine Skalierung der Prozeßbefähigung nach folgenden fünf Stufen:

1. Stufe – Prozeß wird vollständig beherrscht.
2. Stufe – Prozeß wird gut beherrscht.
3. Stufe – Prozeß wird mittelmäßig beherrscht.
4. Stufe – Prozeß wird schlecht beherrscht.
5. Stufe – Prozeß weist starke Mängel auf bzw. wird nicht beherrscht.

Die Skalierung wird durch den nächsthöheren Teamleiter und mittels Eigeneinschätzung des jeweiligen Organisationsleiters vorgenommen.

In Bild 3.1 finden Sie jetzt die Prozeß-Befähigungs-Matrix für den Kernprozeß «Mitarbeiter einarbeiten». Die in der Matrix wiedergegebenen Skalierungswerte und Namen sind vom Autor zu Erklärungszwecken eingefügt worden.
Worin liegt nun der besondere Wert der Prozeß-Befähigungs-Matrix? Insgesamt lassen sich aus vielfältiger Erfahrung mit diesem Instrument folgende zehn Vorteile nennen:

- Die Frage nach Kernprozessen zwingt zur gründlichen Beschäftigung mit den wirklich relevanten Prozessen im Tätigkeitsfeld.
- Durch die Skalierung wird (meist erstmalig) klar, auf welchem Befähigungsniveau die Einzelprozesse tatsächlich beherrscht werden.
- Wenn man den Wertschöpfungsbeitrag der Prozesse für das Ergebnis kennt, liefert die Matrix Ansatzpunkte für gezielte Wertschöpfungserhöhung.
- Die Fremd- und Eigeneinschätzung führt wechselseitig zu einem intensiven Dialog über den Prozeß-Standard des Mitarbeiters und des gesamten Teams.
- Für den Kompetenz-Entwicklungsbedarf läßt sich die Matrix in zweifacher Weise interpretieren: Liest man sie vertikal, also pro Prozeß über alle Mitarbeiter, dann wird erkennbar, wo die am wenigsten beherrschten Prozesse im Team sind. Liest man sie horizontal, also pro Mitarbeiter über alle Prozesse, so wird deutlich, welche Mitarbeiter insgesamt den größten Entwicklungsbedarf haben.
- Die Matrix ermöglicht genau auf den Bedarf zugeschnittene Trainingsmaßnahmen. Statt ganze Gruppen über alles zu trainieren – weil das ja nie schaden kann –, erfolgt entweder ein Team-Training insgesamt oder nur noch für einzelne Mitarbeiter eine Qualifikationsmaßnahme.
- Die Matrix gibt auch Hinweise darauf, wo im Sinne von KVP Kompetenzverbesserung im Team zu leisten ist.

Kernprozeß 2: Mitarbeiter einarbeiten

OL \ Prozeßschritte	ZPB	KBB	Wochen-/ Monats-Analyse	Be-treuungs-plan	Erfolgs-gespräch	Fach-schulg. n. Bedarf def. und liefern	Indiv. Ziel-verein-barung	Gebiets-analyse	aktive Verkaufs-unter-stützung	Organi-sation der Tages-arbeit	WIKIS
Müller	1	3	2	3	2	2	1	2	2	3	2
Wittig	2	3	2	3	2	2	2	3	2	3	2
Nordmann	2	1	3	4	4	2	3	3	2	2	4
Oppemann	3	3	2	4	4	3	3	4	2	4	3
Gunzer	1	2	1	1	2	1	1	2	1	1	2
Friedhelm	2	3	3	2	1	1	2	3	2	2	2
Vogels	1	3	3	4	3	3	3	4	4	4	4

1 = wird vollständig beherrscht
2 = wird gut beherrscht
3 = wird mittelmäßig beherrscht
4 = wird schlecht beherrscht
5 = weist starke Mängel auf/wird nicht beherrscht

Bild 3.1 Beispiel einer Prozeß-Befähigungs-Matrix

- Die Matrix ist unverzichtbar bei allen Restrukturierungsprozessen, weil so frühzeitig ein gezieltes Trainingsprogramm zur Mehrfachqualifikation aufgebaut werden kann.
- In Produktionsbetrieben hängt diese Matrix oft aus, damit man weiß, wer welchen Prozeß bearbeiten kann bzw. überhaupt bearbeiten darf [76].
- Das Matrixverfahren ist universell einsetzbar für alle Prozesse in allen Unternehmen und auf allen Hierarchie-Ebenen.

Im Sinne des 3-F-Konzeptes der Teamsteuerung kommt der Kompetenzentwicklung im Team (Fördern) ein hoher Stellenwert zu. Um so bedauerlicher ist die Tatsache, daß hier vielfach am falschen Ende gespart wird. Statt Fordern durch Fördern zu praktizieren, setzt man auf das Fordern ohne Fördern.

Dabei wird immer wieder betont, daß schlanke Organisationskonzepte nur realisiert werden können, «wenn durch eine Qualifizierung der Mitarbeiterinnen und Mitarbeiter das Lernen im Arbeitsprozeß kontinuierlich weitergeführt wird. Um dieses Ziel zu erreichen, müssen sie auf allen hierarchischen Ebenen in den Qualifizierungsprozeß eingebunden werden» [77].

Umsetzung der Kompetenzentwicklung

Der in der Prozeß-Befähigungs-Matrix festgestellte Förderbedarf in den jeweiligen Prozessen muß zügig abgedeckt werden. Dabei stellt sich immer wieder die Frage, wer die Trainingsmaßnahmen durchführt und wie schnell man im Team eine «basic-skill-rate» benötigt, um die geforderte Teamleistung bringen zu können.

Als potentielle Realisierer von Team-Trainingsmaßnahmen kommen Führungskräfte und Spezialisten aus dem Unternehmen, Teamleiter, Team-Mitarbeiter mit exzellenter Prozeßbefähigung sowie externe Trainer in Frage.

Generell ist der Trend erkennbar, bei fachlichem Kompetenz-

Entwicklungsbedarf gänzlich auf interne Personen zurückzugreifen. Sofern jedoch Bedarf im Bereich der sozialen Kompetenz besteht, neigt man eher dazu, mit externen Trainern zu arbeiten. Letztlich wird das dann abhängig sein vom gewünschten Interventionsniveau.

Im Bereich der methodischen und strategisch-organisatorischen Kompetenz ist die Realisierung sowohl durch unternehmensinterne wie externe Personen möglich.

Werden Aktivitäten zur Erhöhung der Prozeßbefähigung durch interne Personen durchgeführt, so ist auf jeden Fall sicherzustellen, daß diese über ein Mindestmaß didaktisch-methodischer Befähigung verfügen.

Mit dem Team sollte ein Qualifizierungsplan erarbeitet werden, damit folgende Aspekte deutlich werden:

- Bestimmte Prozesse sind durchgängig von allen Team-Mitgliedern neu zu lernen bzw. zu verbessern.
- Kompetenzentwicklung ist dauernder Bestandteil der Arbeit (Zukunftssicherung!).
- Der Qualifizierungsplan ist im Range einer Zielvereinbarung zu sehen, die zwischen Team und Team-Mitglied besteht. Es ist also nicht egal, ob und wann einzelne Team-Mitglieder ihre Prozeßbefähigung erwerben.
- Der Qualifizierungsplan ist an der Team-Kommunikationswand auszuhängen, so daß erworbene Qualifikationen kenntlich gemacht werden können.

Wie ein solcher Team-Qualifikationsplan aussehen könnte, ist in Tabelle 3.2 dargestellt.

Da Kompetenzentwicklung im Team nach Möglichkeit im konkreten Prozeß vor Ort stattfinden und weitestgehend auch mit internen Ressourcen abgedeckt werden soll, möchten wir Ihnen im nächsten Abschnitt ein dafür praxiserprobtes Verfahren vorstellen.

Nr.	Termin	Teilnehmer	Inhalt	Trainer
1	14. 2. (8.00–11.00)	alle Team-Mitglieder	Funktionen, Aufbau und Anwendung des KBB	Teamleiter
2	10. 3. (14.00–16.00)	Mitarbeiter A, B, C, D	Aktions-planung	Team-Mit-glied Maier
3	20. + 21. 5.	alle Team-Mitglieder	Team-Training	externer Trainer
4	27. 5. (9.00–12.00)	alle Team-Mitglieder	Einsatz der Verkaufs-impulse	Vertriebs-leiter
5	28. 5. (9.00–11.00)	Mitarbeiter B und F	richtiges Handling ZPB	Teamleiter
6	10. 6. (14.00–17.00)	Mitarbeiter A, C, F, H	Gebiets-analyse	Teamleiter und Fach-mann aus V
7	30. 6. (8.30–17.00)	alle Team-Mitglieder	Empfehlungs-technik	interner Ver-kaufstrainer

Tabelle 3.2 Team-Qualifikationsplan

Prozeßbefähigung durch Permanentes Team-Training (PTT)

Das PTT-Konzept geht von der Überlegung aus, daß diejenigen Menschen, die tagtäglich miteinander arbeiten, auch gut voneinander und miteinander lernen können.

Deshalb bezieht ein PTT-Programm Teamleiter und Mitarbeiter in eine regelmäßige, gemeinsame Qualifizierungsarbeit ein. PTT wird so zum festen Bestandteil des normalen Arbeitsalltags. Das eröffnet allen Beteiligten die Möglichkeit, ihre Fähigkeiten und Fertigkeiten stetig auszubauen.

Der Teamleiter oder ein für einen Prozeß besonders qualifiziertes Team-Mitglied nimmt die Trainerfunktion wahr. Durch den unmittelbaren Bezug zur Alltagspraxis wird das Training problemnah, lebendig und effektiv. In jeder PTT-Sitzung wird ein Prozeßaspekt vollständig bearbeitet.

Der Teamleiter nimmt dabei zwei Funktionen wahr: In der *Trainer-Rolle* trainiert er und zeigt dabei, wie etwas gemacht werden soll. In der *Leiter-Rolle* sorgt er dafür, daß das trainierte Wissen, Verhalten usw. auch angewandt wird, und sichert auf diese Weise die tatsächliche Umsetzung.

PTT ist ein sehr wirkungsvolles Instrument zur ständigen Verbesserung multipler Prozeßbefähigung, weil es

- beim Teilnehmer den erwarteten Lerneffekt hervorbringt,
- einen nachweisbaren, meßbaren Erfolg bewirkt,
- die Team-Mitarbeiter nur kurzzeitig aus dem normalen Arbeitsprozeß herausnimmt,
- nur geringe Kosten verursacht.

Nutzen und Aufbau des PTT-Programms

Wer mit einem PTT-Programm arbeitet, erzielt langfristig gute Erfolge. Der Lernstoff wird in Mikro-Lerneinheiten dargeboten und ist so für die Teilnehmer leicht verdaulich. Und da das Training im Betrieb stattfindet, ist es wirklich an aktuellen Problemen, Fragen und Themen orientiert. Das PTT wird regelmäßig durchgeführt und bietet dadurch folgende *Vorteile*:

- □ Für das Team wichtige Basisfertigkeiten und Standards können so lange trainiert werden, bis sie im wahrsten Sinne des Wortes «eingeprägt» sind.
- □ Im Team wird das Bewußtsein für die Basisfertigkeiten und Standards geschärft.

- □ Das Leistungsniveau einzelner Mitarbeiter und des ganzen Teams kann stetig erhöht werden (KVP-Aspekt).
- □ Neue Mitarbeiter können gezielt in ihren Arbeitsbereich eingearbeitet werden.
- □ Es wird die Einsicht für kontinuierliches und berufsbegleitendes Lernen bei allen Beteiligten geweckt.
- □ Die Kommunikation zwischen Team und Teamleiter wird verbessert.

In einem PTT werden pro Termin zwei Mikro-Lerneinheiten bearbeitet. Jede dieser Mikro-Lerneinheiten beansprucht ca. 10 Minuten Zeit. Insgesamt dauert deshalb eine PTT-Sitzung maximal 20 Minuten.

Die beiden Mikro-Lerneinheiten setzen sich aus einem festen Thema und dem frei gewählten Team-Thema zusammen. Das feste Thema kommt aus einer Themenliste, die das Ergebnis der gemeinsamen Zielabsprache zwischen Teamleiter und Personalentwicklung darstellt.

Im Rahmen dieser PTT-Zielvereinbarung wird auch die Reihenfolge der festen Themen fixiert, damit gezielt der Aufbau von Basis-Prozeßqualifikationen erfolgen kann.

Das frei gewählte Team-Thema kann sowohl vom Teamleiter als auch vom Team-Mitarbeiter vorgeschlagen werden. Hier können auch Fragen behandelt werden, die beim festen Thema aufgetaucht sind. Ferner werden zeitaktuelle Themen und Probleme aufgegriffen, die sich im Team ergeben.

Stellt sich ein frei gewähltes Team-Thema als sehr bedeutsam und trainingsbedürftig heraus, kann es in den nächsten Sequenzen auch zum festen Thema werden.

Regelmäßige Wiederholungen sind Systembestandteil des PTT. Dadurch wird der Lernregelkreis geschlossen und die Behaltenswirksamkeit erhöht. Dies geschieht, indem

- □ das feste und frei gewählte Thema einer Sitzung zu Beginn der nächsten kurz – maximal 2 Minuten – wiederholt wird,
- □ das Thema im frei gewählten Themenblock so lange wiederholt wird, bis das gewünschte Endverhalten (Lernziel) erreicht ist.

Für den Teamleiter ist das PTT ein wirkungsvolles Instrument zur eigenen Kompetenzentwicklung und zur Mitarbeiterförderung, denn

- er wird verpflichtet, selbst über Themen nachzudenken,
- er muß die Themen «sauber» vorbereiten,
- er muß sich selbst an die Zielvereinbarung halten,
- er kontrolliert die Ergebnisse des PTT,
- er kann sehr schnell auf Verbesserungsvorschläge und Verhaltens-Wissens-Defizite der Mitarbeiter reagieren,
- die Themen werden so oft wiederholt, bis sie eingeprägt sind und ein Qualitätsstandard im Team gewährleistet ist.

Damit sich der Teamleiter möglichst ökonomisch auf eine PTT-Sequenz vorbereitet, wird die Orientierung an der in Bild 3.2 dargestellten PTT-Checkliste dringend empfohlen.

Vorbereitung und Durchführung einer PTT-Sequenz

Die gute Vorbereitung eines Themas ist – wie immer – ein wichtiger Eckpfeiler des Erfolgs. Neben der bereits dargestellten PTT-Checkliste dienen folgende Fragen der vertiefenden inhaltlichen Themenklärung:

- □ Welche Basisprozesse und Standards sind bereits im Unternehmen/Team formuliert?
- □ Was fällt mir zu diesen Prozessen an Mikrobestandteilen ein?
- □ Gibt es etwas besonders Wichtiges?

PTT-Checkliste

1. Vorbereitung des PTT

- Über ein Brainstorming Ideen zum Thema sammeln.
- Wo gibt es bereits eine Norm bzw. einen Standard im Unternehmen/Team?
- Welches Ziel (gewünschtes Endverhalten) soll mit diesem PTT erreicht werden?
- Was würde die Mitarbeiter am meisten interessieren und aktivieren? Was ist am wichtigsten für die Mitarbeiter?
- Wo könnten Blockaden und Probleme die Mitarbeiter an der Zielerreichung hindern?

2. Methodenauswahl für das PTT

- Situation selbst vormachen – positive und negative Variante darstellen.
- Situation vom Mitarbeiter vormachen lassen (evtl. auch im Rollenspiel).
- Gesteuerte Gruppendiskussion mit dem Team
- Lehrvortrag bzw. Referat (sollte die Ausnahme sein!)
- Problemlösungssitzung mit dem Team durchführen.

3. Medienauswahl für das PTT

- Gibt es bereits vorhandene Arbeitsmittel, die einsetzbar sind?
- Soll der Overhead-Projektor eingesetzt werden? Wenn ja: Sind die nötigen Folien schon vorhanden?
- Will ich an der Flipchart etwas aufzeigen?
- Kann sinnvoll mit der Pinwand-Technik gearbeitet werden?
- Welche Maschinen und Materialien müssen zur Verfügung stehen?

4. Durchführung des PTT

- Motivationalen Einstieg überlegen, der Interesse weckt.
- Am Erleben der Mitarbeiter anknüpfen – Nutzen herausstellen.
- Mit welchen Fragen könnten die Mitarbeiter motiviert werden?
- Kritik sachlich begründen – nicht auf die Person richten.
- Zielvereinbarungen schriftlich im PTT-Prozeß-Protokoll festhalten.

Bild 3.2 PTT-Checkliste

- □ Wie sieht das gewünschte Endverhalten der Team-Mitarbeiter aus? Habe ich dies konkret schriftlich formuliert?
- □ Welche Folgen hat eine richtige bzw. falsche Handhabung?
- □ Welche Punkte werden am häufigsten vergessen, mißachtet, übergangen?
- □ Welche Hilfsmittel, Arbeitsmittel usw. können eingesetzt werden, um das gewünschte Endverhalten sicherer und besser zu erreichen?
- □ Was ist aus der Sicht der Team-Mitarbeiter am interessantesten bzw. wichtigsten?
- □ Welche Ereignisse könnten die Team-Mitarbeiter auf dem Weg zur Zielerreichung blockieren?

Am Ende jeder PTT-Sitzung müssen die Team-Mitarbeiter genau wissen, was von Ihnen erwartet wird. Dies wird im PTT-Prozeß-Protokoll unter der Rubrik «Zielvereinbarung» eingetragen.

Soweit möglich, erarbeitet der PTT-Trainer zusammen mit den Team-Mitarbeitern, wie eine Aufgabe genau zu bearbeiten und zu lösen ist.

Praxisbezogenheit und Wirklichkeitsnähe sind wesentliche Merkmale des PTT. Dies muß sich dann auch in der Präsentation und Bearbeitung des Themas wiederfinden.

Je stärker die Mitarbeiter in den jeweiligen Themenblöcken aktiv einbezogen werden, um so besser werden in der Regel die Lernergebnisse sein. Es wäre wünschenswert, wenn etwa zwei Drittel der Beiträge von den Team-Mitgliedern kämen und etwa ein Drittel vom Trainer selbst. Auf keinen Fall darf PTT zur Besprechung umfunktioniert werden.

PTT-Prozeßkontrolle

Der PTT-Trainer erhält nach jeder PTT-Sitzung ein Feedback aus dem Team. Es empfiehlt sich, diese Rückmeldung nach einem festen Ablaufschema durchzuführen, das folgende Einzelschritte umfaßt:

1. Schritt: Die Teilnehmer bewerten mit einer Ein-Punkt-Frage ihre Zufriedenheit mit der PTT-Sitzung.
2. Schritt: Der Trainer äußert seine Einschätzung.
Beispiel: Ich bin mit der heutigen Sitzung ...
3. Schritt: Detaillierte Bestandsaufnahme durch die Teilnehmer.
Beispiele: Gut gefallen hat mir ..., weil ...
Zu verbessern wäre ..., indem man folgendes anders machen könnte: ...
4. Schritt: Bestandsaufnahme aus der Sicht des Trainers.
Beispiel: Gut gelungen ist ... (mit Begründung).
5. Schritt: Der Trainer dankt dem Team für das offene und konstruktive Feedback.

Neben dem direkten Trainer-Feedback ist die Prozeßkontrolle insgesamt ein wichtiger Aspekt. Sie soll sicherstellen, daß sich alle Beteiligten im PTT-Verfahren an eine Standardisierung gewöhnen, denn auch für das PTT gilt: Ohne Standard ist keine Verbesserung möglich.

Damit dies gewährleistet ist, soll das in Bild 3.3 dargestellte PTT-Prozeß-Protokoll ausgefüllt werden.

Kompetenzentwicklung muß schnell, wirksam, arbeitsplatznah, direkt erlebbar und kostengünstig sein. Alle diese Kriterien erfüllt das PTT. Und die Vorteile des PTT sind klar erkennbar:

- □ Die Leistungsfähigkeit aller Team-Mitglieder wird dauerhaft und stetig erhöht.
- □ Die Zeit wird durch die thematische Beschränkung auf Mikro-Lerneinheiten effektiv genutzt.
- □ Die Kosten sind minimal.
- □ Der Teamleiter betreibt systematische Kompetenzentwicklung vor Ort und erfüllt so einen Förderauftrag.

PTT-Prozeß-Protokoll

Trainer: ______________________ Datum: ______________________

anwesende Team-Mitglieder: ______________________

____

- Wie lange wurde das feste Thema des letzten PTT wiederholt?

____

____

____

- Wie lange wurde das frei gewählte Team-Thema des letzten PTT wiederholt?

____

____

____

- Als festes Thema wurde heute behandelt:

____

____

____

- Zielvereinbarung zum festen Thema:

____

____

____

____

____

____

- Als frei gewähltes Team-Thema wurde heute behandelt:

____

____

____

- Zielvereinbarung zum frei gewählten Team-Thema:

____

____

____

____

- Sonstige Anregungen und Vorschläge aus dem Team:

____

____

____

____

Bild 3.3 PTT-Prozeß-Protokoll

- Die Mitarbeiter «spüren» ihre Lernfortschritte unmittelbar.
- Das Team wird zu einem «lernenden Team».

Qualifikation des Teamleiters

Das Funktionieren des Teams hängt in nicht unerheblichem Ausmaß von der Qualität des Teamleiters ab. In organisationsidentischen Langzeitteams besteht das Team-Teamleiter-Verhältnis u.U. recht lange, während es in Task-Force-Teams oder Projektteams zu zeitlich überschaubaren Führungsverhältnissen kommt.

Wir haben an anderer Stelle schon darauf hingewiesen, daß der Wandel von streng hierarchischen zu mehr prozeß- und kundenorientierten Arbeitsstrukturen deutlich anderes (Führungs-) Verhalten vom Teamleiter verlangt.

Wie soll nun aber ein Teamleiter seine Team-Führungsqualifikation erwerben? Und vor allem: Was sind die zu erwerbenden Qualifikationen?

Bei aller Vielschichtigkeit der Teamleiter-Rolle in verschiedensten Teamkonzepten – vom Teamleiter mit disziplinarischer Vorgesetztenfunktion bis zum gewählten Teamsprecher ohne weitreichende Weisungsbefugnis – schälen sich einige Kernqualifikationen heraus, die in jedem Fall erworben oder ggf. weiterentwickelt werden müssen.

Den größten Entwicklungsbedarf löst ganz einfach die Gruppensituation als Arbeits- und Kommunikationsrahmen aus, und zwar in mehrfacher Hinsicht. Der Teamleiter benötigt

- methodisches Rüstzeug zur Teamsteuerung,
- teamorientierte Kommunikationsfähigkeiten,
- strategisch-organisatorische Befähigungen.

Wenn man diese drei Anforderungsbereiche inhaltlich definiert, so ergeben sich nach unserer Erfahrung für die Teamleiter-Qualifizierung die in Tabelle 3.3 aufgezeigten Basisbausteine.

Qualifizierungsbereich	Basisbausteine für die Teamleiter-Qualifizierung
strategisch-organisatorische Kompetenz	• Grundlagen des Prozeßmanagements • Führen mit Zielen • TQM-Basis-Wissen
methodische Kompetenz	• Moderationstraining • Präsentationstraining • Projektmanagement • Besprechungsmanagement
soziale Kompetenz	• gruppenmoderierte Gesprächsführung • Team-Training • Coaching-Gespräche lernen • Trainerqualifikation für PTTerwerben

Tabelle 3.3 Basisbausteine für die Teamleiter-Qualifizierung

Unternehmen, die Teamarbeit intensiv betreiben, legen meist großen Wert auf eine gute Basisqualifizierung der Teamleiter. Dazu wird ein Qualifizierungsplan entwickelt, in dem genau festgelegt ist, zu welchem Zeitpunkt welcher Basisbaustein vermittelt wird. Dies geschieht sowohl in externen Trainings als auch direkt am Arbeitsplatz und durch begleitendes Coaching interner Personalentwicklungsfachleute. Wünschenswert ist natürlich immer die Arbeit mit dem Gesamt-Team, weil dann aus der Praxis für die Praxis gelernt werden kann.

In einem zweitägigen Team-Workshop unter dem Motto: «Wo stehen wir – wo wollen wir hin?» werden u.a. folgende Aspekte bearbeitet:

- □ Wie gut ist die Team-Effizienz?
  – Welche Teamprozesse laufen gut?

- Welche sind zu verbessern?
- Welche (Teil-) Ziele sind maßgeblich?
- Wie sichern wir einen guten Methoden-Standard im Team?

□ Struktur des Teams
- Wer hat welche Rolle im Team?
- Wie werden Kompetenz und Verantwortung geteilt?
- Welche internen Verfahrensweisen sind erfolgreich? (z.B. Informationsfluß, Verantwortung für was, Leadership)
- Welche Kunden-Lieferanten-Beziehungen bestehen und wie gut sind sie?

□ Beziehungen im Team
- Wie sorgen wir dafür, daß die «Chemie» stimmt?
- Was passiert bei Störungen?
- Wer hat bei Konflikten was zu tun?
- Wie erleben wir die Teamführung?

□ Vernetzungen zu anderen Gruppen
- Wie sieht diese Vernetzung aus?
- Wer ist konkret eingebunden?
- Um was geht es inhaltlich?

□ Außenbeziehungen des Teams
- Welche Kontakte bestehen zu Kunden?

Für Team und Teamleiter sind solche Workshops Live-Arbeit mit hoher sozialer und methodischer Intensität und einem entsprechend guten Transfer in den Team-Alltag.

Dort, wo keine Workshops möglich sind, sollte aber auf jeden Fall mit einer homogenen Gruppe von Teamleitern gearbeitet werden, denn intensive Teamleiter-Qualifizierung ist absolute Pflicht.

Kapitel 4

KERNPROZESSE IM TEAM GESTALTEN UND STEUERN

Teams können – egal in welcher Organisationsform – dauerhaft nur erfolgreich sein, wenn es ihnen gelingt, bestimmte Kernprozesse auf einem qualitativ akzeptablen Niveau zu beherrschen. Die Bezeichnung «Kernprozeß» soll signalisieren, daß es um essentielle Abläufe geht. Gelingt es nicht, sie zu steuern, ist die Teamarbeit sachlich-ökonomisch gefährdet und zwischenmenschlich nicht aushaltbar. Nun stellt sich natürlich die Frage, um was es dabei inhaltlich geht.

Insgesamt sind es vier Kernprozesse, die im Team funktionieren müssen, und zwar:

- der Zielsetzungs- und Controllingprozeß,
- der kontinuierliche Verbesserungsprozeß (KVP),
- der Feedback-Prozeß,
- das Umgehen mit Prozeß-Störungen.

Was konkret in den einzelnen Prozessen von Team und Teamleiter zu leisten ist, werden wir jetzt ausführlich behandeln.

Die vorgestellten Methoden und Verfahrensweisen sind praxiserprobt und haben sich in vielen Teams bewährt. So soll dem Teamleiter bzw. Team ein «Werkzeugkasten» zur Verfügung gestellt werden, mit dem im Bedarfsfall zielgerichtet gearbeitet werden kann.

Der Zielsetzungs- und Controllingprozeß

Vergleicht man erfolgreiche Teams mit nicht erfolgreichen, so stellt sich immer wieder heraus, daß bereits in der Startphase der Teamarbeit der Grundstein für das Gelingen bzw. Mißlingen gelegt wurde. Meist sieht das dann so aus, daß im Mißerfolgsfall die Arbeit mit einem ungeklärten Ziel begonnen wurde. Unter Zeitdruck stehend, hat man es versäumt, das Teamziel und die Zielerwartungen der Team-Mitglieder gründlich zu klären und gleichzeitig darüber zu befinden, wie ein sinnvolles und motivierendes Controlling aussehen soll.

Solche «Mißverständnisse» finden wir in Projektteams ebenso wie in organischen Arbeitsteams mit Langzeitcharakter (vgl. Kapitel 1, Bild 1.1). Es stellt sich also die Frage, worin die Gründe für ein derartig gehäuftes Auftreten zu sehen sind. Nach unserer Erfahrung sind dafür vier Ursachen hauptsächlich verantwortlich:

- Die Ziele werden als selbsterklärend betrachtet.
- Dem Teamleiter mangelt es an methodischer Kompetenz zur Moderation eines Ziel-Klärungsprozesses.
- Die gruppendynamische Komponente einer gemeinsam erarbeiteten Zielstruktur wird völlig unterschätzt.
- Der Teamleiter geht bereits mit einer «unverrückbar fertigen Zieldefinition» ins Team, so daß er diese Phase aus wohlerwogenen Gründen «übergeht».

Und damit Ihnen das in und mit Ihrem Team nicht passiert, werden wir nachfolgend die wichtigsten Elemente für einen konstruktiven Zielsetzungsprozeß darstellen.

Ziele im Team klären und vereinbaren

Ziele sind vorgestellte und angestrebte Endzustände. Diese Definition impliziert, daß man sich einen Endzustand vorstellt, und zwar möglichst präzise. Nun kann sich jeder sehr leicht denken, daß ein Ziel wie z.B. «15% Produktivitätserhöhung im Team» viele verschiedene Zielbilder in den Köpfen der Team-Mitglieder aktiviert. Stellen wir uns weiter vor, daß jetzt jeder auf seiner subjektiven Zielbildvorstellung Handlungen initiiert – das Chaos wäre perfekt.

Ebenso könnte es sein, daß jemand gar keine Zielbildvorstellung entwickeln kann, folglich würde er auch nicht handeln.

Es gilt ein unumkehrbares psychologisches Grundgesetz, das da lautet:

Jede Handlung entsteht zweimal!

Zunächst entsteht eine Handlung auf der Ebene der Vorstellung, dann auf der Ebene der Ausführung. Für das Team ist es deshalb enorm wichtig, ein gemeinsam abgeklärtes Zielbild zu entwickeln, damit die Arbeit einen Sinn bekommt und Handlungsenergie zielgerichtet gebündelt und aktiviert werden kann.

Die meisten Fehler machen wir auf der Ebene der Vorstellung, weil wir uns aus Zeitgründen mit einer mangelhaften Vordenkqualität zufriedengeben. Ziele sind aber nun mal nicht selbsterklärend!

Verschwommene, unklare Zielbilder führen zu wenig Aktivitäten oder zu vielen Suchhandlungen, die dann kurzfristig erfolglos und frustrierend abgebrochen werden.

Den Gesamtzusammenhang finden Sie in Bild 4.1 noch einmal dargestellt.

Diese Zielklärungsphase ist aus gruppendynamischer Sicht unverzichtbar, weil hier die menschlichen Grundbedürfnisse nach Sinn, Struktur und Orientierung erfüllt werden.

Voraussetzung ist allerdings, daß der Teamleiter unter Einsatz

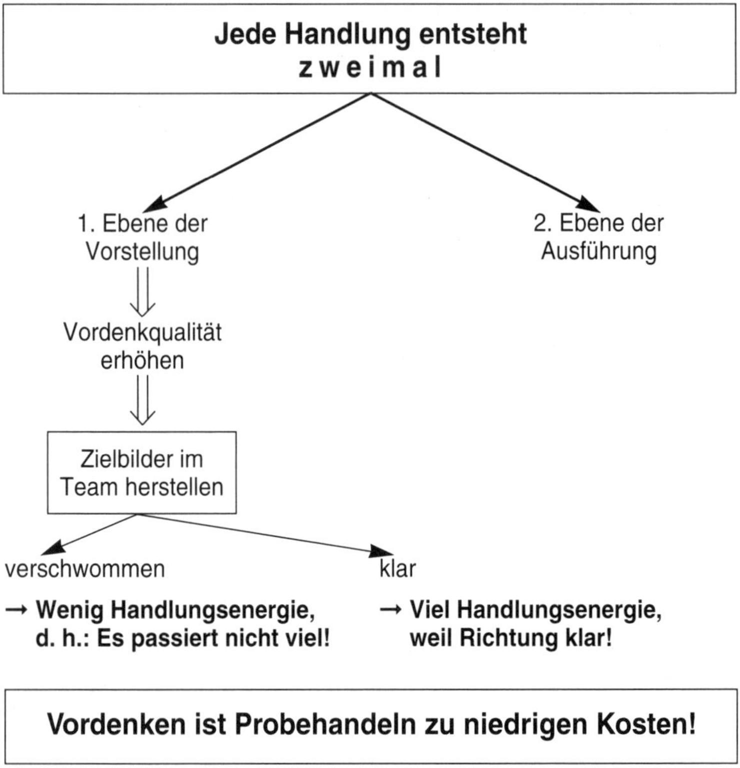

Bild 4.1 Psychologischer Prozeß der Zielentwicklung

von Moderationstechniken eine solche Zielsitzung methodisch sauber gestaltet. Dabei sind u.a. folgende Fragen zu klären:

- Wozu machen wir das überhaupt? (Sinnkomponente)
- Worin besteht unser Zielbeitrag? (Motivationskomponente)
- Was ist der Zielbeitrag jedes einzelnen Team-Mitgliedes? (Leistungskomponente)
- Wie stark fühlt sich jeder für das Ziel verantwortlich?
- Wo fehlen noch Hintergrundinformationen zum besseren Zielverständnis? (Orientierungskomponente)

- □ Wo bestehen erfahrungsbedingte Bedenken?
- □ Was wäre auch den weniger «geliebten» Zielen an positiven Seiten abzugewinnen?
- □ Woran messen wir konkret die Zielerreichung?

Am Ende dieser Phase müßte im Team Zielbildklarheit bestehen. Jeder weiß, wohin die Reise geht, und hat eine positive Zielidentifikation.

Zielarten, Zielkriterien, Ziel-Wege-Pläne

Ist das Team die Organisationsform des Gesamtunternehmens, dann läuft der Zielklärungsprozeß in mehreren Phasen ab. Zunächst wird von der Unternehmensleitung der Gesamtzielrahmen in Form globaler Unternehmensziele definiert.

Im Team soll dann geklärt werden, was durch die Unternehmensziele jetzt in stringenter Ableitung als Zielmenge auf Teamebene entsteht. Darüber hinaus kommt als weiteres die teaminterne Zielmenge hinzu, so daß sich die gesamte Zielmenge des Teams aus den abgeleiteten Unternehmenszielen und den teaminternen Zielen ergibt.

Den Zielentstehungsprozeß möchten wir am Beispiel eines marktführenden Unternehmens kurz darstellen (Tabelle 4.1).

Im Rahmen dieses komplexen Zielbildungsprozesses werden dann in den Teams auch bestimmte qualitative Zielarten definiert, um damit die Zielbildklarheit zu erhöhen und zusätzlich eine Sensibilisierung für das gesamte Zielspektrum zu erreichen.

Wie bereits an anderer Stelle ausgeführt [78], ergeben sich die in Tabelle 4.2 dargestellten Zielarten.

Für das Team ist es wichtig zu wissen, ob es nur Standardziele erreichen soll, was auf Dauer gesehen sicherlich nicht ausreichend wäre, und in welchem Umfang Problemlösungs- und Innovationsziele erreicht werden müssen.

Besonders wichtig sind in diesem Zusammenhang auch die

Phasen der Zielentstehung	
1	Definition der Unternehmensrahmenziele für das Geschäftsjahr in einer eintägigen Klausur im August jeden Jahres mit der Geschäftsleitung (6 Personen).
2	Zweitägige Jahreszielkonferenz mit ca. 50 Teilnehmern im September jeden Jahres (Geschäftsleitung und alle Teamleiter). Ziel: Erarbeitung der unternehmensbedingten Teamziele.
3	Nacharbeit im Team zur Überprüfung der Ergebnisse und Formulierung der teaminternen Zielmenge (fertig bis Oktober).
4	Interne Abstimmungsrunden nach Geschäftsbereichsteams und Unterlegung mit konkreten Aktivitäten (bis Mitte November).
5	Endgültige Verabschiedung der Ziele für das neue Geschäftsjahr und schriftliche Kommunikation an alle Teams (im Dezember).

Tabelle 4.1 Zielbildung in einem Unternehmen mit durchgängiger Teamorganisation

Durchbruchziele. Wie Sie den Beispielen in Tabelle 4.2 entnehmen können, sind sie in ihrem inhaltlichen Kern Innovations- oder Problemlösungsziele. Ihren Charakter als Durchbruchziel erhalten sie aufgrund der hohen Unternehmensbedeutung. In diesem Sinne sind dann Innovations- oder Problemlösungsziele mit «D» zu kennzeichnen, damit ihre Wertigkeit für alle Team-Mitglieder erkennbar wird.

Nun stellt sich natürlich die Frage, wann ein Ziel hinreichend klar ist für ein Team. Unser bereits erwähntes Beispiel «15% Produktivitätssteigerung» wäre zu global. Es müßte in handlungsfähige Einzelziele zerlegt werden, die bestimmte Meßkriterien erfüllen.

Ein Ziel verdient die Bezeichnung «Ziel», wenn es möglichst viele der folgenden 8 Kriterien erfüllt:

Durchbruch-ziele	Besonders wichtige, unbedingt zu erreichende Ziele, die als verlängerter operativer Arm der Strategieziele und 3-Jahres-Ziele dienen. Ihre Anzahl ist auf max. 3 pro Jahr zu begrenzen. *Beispiele:* Einführung teilautonomer Arbeitsgruppen in der Fertigung. Implementierung eines Management-Informationssystems mit Anwenderbezug auf allen Ebenen. Qualitätszertifizierung nach ISO 9001 für das Gesamtunternehmen.
Standardziele	Sie dienen zur Erhaltung und Absicherung des bereits Erreichten. Charakteristisch für sie ist, daß sie ständig zu erreichen sind bzw. regelmäßig wiederkehren und notwendig sind, um ein gutes Leistungsniveau aufrechtzuerhalten. Auf Unternehmenszielebene zählen dazu die Produktziele, Erfolgsziele und Liquiditätsziele. *Beispiele:* Erhöhung des Inlandumsatzes um 5%. Senkung der Gemeinkosten um insgesamt 10 Mio. DM. Stabilisierung des gesamtdeutschen Marktanteils bei 53%.
Problem-lösungsziele	Sie sind immer dann aktuell, wenn es nicht gelingt, ein bereits definiertes Soll zu erreichen, und zwar entweder punktuell oder chronisch. Im letzteren Fall läßt dies meist auf ungelöste strukturelle Managementprobleme schließen. *Beispiele:* Senkung der Fluktuationsrate im Außendienst von 40% auf mind. 25%. Senkung der Auftragsstandzeiten auf 97% aller Aufträge mit max. 3 Tagen.
Innovations-ziele	Bei dieser Zielart geht es um echte Neuerungen, um die Durchsetzung neuer Kombinationen. Sie werden vielfach als Projekte initiiert und erfordern eine bereichsübergreifende Zusammenarbeit. Beispiele: Neuentwicklung eines unternehmensübergreifenden Warenwirtschaftssystems. Konzepterstellung und -umsetzung einer europäischen Koordinierung des Materialbedarfs.

Tabelle 4.2 Zielarten

- □ Das Ziel ist konkret schriftlich formuliert.
- □ Das Ziel ist anhand beobachtbarer Größen und/oder Verhaltensweisen beschrieben.
- □ Das Ziel ist terminiert – entweder auf einen konkreten Zeitpunkt oder in einem Zeitrahmen.
- □ Für das Ziel sind Ober- und Untergrenzen definiert, damit der Leistungskorridor klar ist.
- □ Das Ziel ist realistisch gesetzt. Es ist herausfordernd, aber nicht überfordernd.
- □ Jeder kann selbst beurteilen und kontrollieren, ob wir am Ziel angekommen sind.
- □ Das Ziel ist widerspruchsfrei zu anderen Zielen formuliert, so daß kein Zielkonflikt entsteht.
- □ Das Ziel ist in eine Rangreihe zu anderen Zielen gebracht, damit die Zielpriorität klar wird.

Je mehr von diesen 8 Zielkriterien in der Zielformulierung enthalten sind, um so besser ist die Zielbildqualität. Je weniger Kriterien vorhanden sind, um so größer ist das Interpretations- und Konfliktpotential im Team.

Es empfiehlt sich dringend, die Teamziele in Form einer Zielliste allen Team-Mitgliedern zur Verfügung zu stellen; einerseits, um den ganzheitlichen Leistungsrahmen des Teams jederzeit verfügbar zu haben; andererseits aber auch, um den eigenen Zielbeitrag ständig vor Augen zu haben.

Und eines sollte ganz deutlich sein und gesagt werden: Das Team ist keine kollektive Selbstschutzveranstaltung mit einem Verschiebebahnhof für Verantwortung!

Jedes Team-Mitglied macht eine zweifache Zielvereinbarung: einmal mit dem Teamleiter und zum zweiten mit dem gesamten Team. Alle im Team müssen sich darauf verlassen können, daß die einzelnen Zielbeiträge geliefert werden. Der altbekannte Spruch, daß eine Kette nur so stark ist wie ihr schwächstes Glied, gilt auch für Teams.

Sicherlich wird man zeitweilig bestimmte Mangelleistungen einzelner kompensieren können, das geht aber nur sehr begrenzt.

Die Verbindlichkeit des Zielbeitrages für jedes Team-Mitglied wird natürlich durch einen öffentlich moderierten Zielbildungsprozeß im Team deutlich erhöht.

Daneben empfiehlt es sich, die Teamziele sichtbar an einer Team-Kommunikationswand auszuhängen. Als geeignete Form hat sich dafür das in Bild 4.2 dargestellte Formular erwiesen.

In Teams gibt es neben den bisher dargestellten Zielarten noch eine weitere: die sogenannten Weiterentwicklungsziele. Sie dienen dazu, die Fähigkeiten und Fertigkeiten der Team-Mitglieder zu verbessern.

Wie bereits in Kapitel 3 dargestellt, ist ein zentraler Aspekt des Teamarbeitskonzeptes die multiple Prozeßbefähigung, weil über sie die Flexibilisierung des Teams gesteigert werden soll.

So ist denn in einer Zielklärung immer auch dieser Zielart genügend Zeit zu widmen.

Kennt das Team die zu leistenden Zielbeiträge und dazu notwendigen Prozeßbefähigungen, so ist schnell eine Prozeß-Befähigungs-Matrix erstellt (vgl. Bild 3.1), aus der sich dann die Weiterentwicklungsziele für einzelne Team-Mitglieder oder das Gesamtteam ableiten lassen.

Aber Vorsicht: small is beautifull! Lieber wenige Weiterentwicklungsziele formulieren, die realisiert werden, als Wunschzielkataloge aufstellen.

Wenn alle Ziele in Form der Zielliste im Team vorliegen, haben Sie schon eine gute Basis für erfolgreiches Arbeiten geschaffen. Man wird nun im Einzelfall zu prüfen haben, ob die mit einem Ziel verbundenen Handlungen allen Beteiligten klar sind.

Vielleicht ist man sich über die Wege zum Ziel nicht einig. In all diesen Fällen macht es Sinn, einen Ziel-Wege-Plan im Team zu entwickeln, denn Ziele können dann am besten angegangen werden, wenn die notwendigen Aktivitäten, Handlungen und Zielschritte präsent sind.

Team-Ziele für den Zeitraum von ____________ bis ____________

Nr.	Zielformulierung	Zielart D / S / P / I	erreicht bis zum (SOLL)	verantwortlich wer?	tatsächlich erreicht am (IST)

D = Durchbruchziel / **S** = Standardziel / **P** = Problemlösungsziel / **I** = Innovationsziel

Bild 4.2 Team-Zielliste

Der in Bild 4.3 dargestellte «Ziel-Wege-Plan» eignet sich hierfür besonders gut. Das Ziel wird in Teilschritte zerlegt, mit einem Termin-Soll und einer Verantwortlichkeit (Wer-Spalte) beschrieben. Außerdem eignet sich diese Form auch gut zur Terminkontrolle. Jetzt müßte Team-Konsens gegeben sein, denn jeder weiß genau, was zu tun ist.

Je nach Reifegrad des Teams wird eine mehr oder weniger intensive Hilfe des Teamleiters bei Erstellung des Ziel-Wege-Planes gefordert sein.

Dauerhaft wird sich im Team durch konsequenten Einsatz dieser Arbeitsmethoden der Selbststeuerungsanteil deutlich erhöhen. Werden solche Methoden als «hilfreiche Werkzeuge» und nicht als «Würgzeuge» erlebt, fordert das Team von sich aus deren Anwendung.

Sinnvolles Ziel-Controlling aufbauen

Ziele zu formulieren, ohne gleichzeitig die Zielannäherung zu messen, gleicht einem 100-Meter-Lauf ohne Zeitmessung. Wer Ziele formuliert, muß logischerweise zum Controlling «ja» sagen.

Gelegentlich führt die sprachlich hörbare Verwandtschaft des englischen Begriffs «Controlling» und des deutschen Begriffs «Kontrolle» zu Irritationen. Controlling kann nicht mit Kontrolle gleichgesetzt werden, vielmehr ist Kontrolle Teil eines funktionierenden Controllings, das aus vier Elementen besteht:

- schriftlich vorhandenen Zielen und Planungen,
- einem Berichtswesen, das Soll-Ist-Werte und Trend-Werte in definierten Zeitabständen liefert,
- einer Abweichungsanalyse mit Ursachenforschung,
- einem Gegensteuerungskonzept in Form konkreter Ziel-Wege-Pläne, um Abweichungen zu korrigieren.

ZIEL-Wege-Plan

Das Ziel lautet: Endtermin ______

Nr.	Maßnahme	Termin (SOLL)	wer	erledigt am (IST)

Bild 4.3 Muster eines Ziel-Wege-Plans

Controlling ist die Denkhaltung des Vorausschauens. Kontrolle hingegen entspringt der Denkhaltung des Zurückschauens. Ein einfaches Beispiel mag dies veranschaulichen. Wenn Sie mit Ihrem Wagen bei Regenwetter von der Straße abkommen, in einen Acker fahren, dabei mehrere Bäume streifen und schließlich in einen Erdhügel fahren, dann hat die Kontrolle funktioniert, aber nicht das Controlling. Sie haben kontrolliert mitbekommen, was passiert ist, aber Ihr Fahrzeug nicht beherrscht.

Hätte das Controlling funktioniert, wäre es dazu nicht gekommen, weil im Sinne der Vorsteuerung Geschwindigkeit und Fahrverhalten den Straßenverhältnissen angepaßt gewesen wären. Im Englischen bedeutet «to control» soviel wie: regeln, steuern, im Griff haben. Controlling ist also vorausschauendes Steuern.

Nun stellt sich natürlich die Frage, warum die Steuerung eines Teams mit der althergebrachten Kontrolle nicht mehr auskommt.

Die Antwort liegt in der Veränderungsgeschwindigkeit der uns umgebenden Prozesse. Kontrolle funktioniert nur so lange, wie die Umwelt sich relativ statisch verhält. Wo wenig Bewegung ist, wo Abläufe eher stabil bis starr sind, da reicht es, wenn in der Rückschau festgestellt wird, was erreicht wurde.

Die klassische Gewinn-und-Verlust-Rechnung ist zum Beispiel vergangenheitsorientiert. Am Ende einer Leistungsperiode stellt man fest, was war. Das reicht für unsere heutigen Prozesse nicht mehr. Vergangenes ist nicht zu ändern; nur Zukünftiges ist beeinflußbar. Deshalb ist eine vorausschauende Ergebnissteuerung erforderlich. Das Controlling fragt: Was kommt auf uns zu an Kosten, Umsatz, Ertrag, Investitionen usw.? Wo müssen wir reagieren, um gesteckte Ziele zu erreichen?

Deswegen fällt Kontrolle nicht weg. Sie ist notwendiger Bestandteil des Controllingprozesses, um das IST nachvollziehend zu messen.

Sicherlich darf man sagen, daß dort, wo kein systematisches

Ziel-Controlling durchgeführt wird, es auch mit zielorientierter Teamarbeit nicht ernst gemeint ist. Ziele sind nur die Initialzündung zum Handeln. Das Controlling begleitet und überwacht den Zielannäherungsprozeß und hält uns vorausschauend auf Zielkurs.

Diese Kombination aus Rückschau und Vorschau bezieht sich im Team keineswegs nur auf die Ebene der sachlich-rationalen Ergebnisprüfung, sondern erstreckt sich auch auf den Team-Arbeitsprozeß.

Die Verknüpfung von Ergebnis- und Prozeßreflexion soll dazu beitragen, die Team-Kohäsion zu erhöhen, ein größeres Maß an Offenheit zu fördern und so am eigenen Modell für die nächste Herausforderung im Unternehmens- und Team-Alltag zu lernen. Solche Feedback-Prozesse sind für viele Mitarbeiter und Teamleiter ungewohnt, so daß erheblicher Lernbedarf vorhanden ist.

Während das rationale Ergebnis-Feedback im klassischen Berichtswesen stattfindet, spiegelt sich die Prozeß-Reflexion u.a. in der Beantwortung folgender Fragen wider:

- Wie zufrieden bin ich mit dem Ergebnis?
- Wie sind wir vorgegangen?
- Was hat uns/mir geholfen?
- Was hat mich/uns behindert?
- Wie fühle ich mich jetzt im Team?
- Wie bewerte ich die Stimmung im Team?
- Was hat sich als Vorgehensweise bewährt?
- Was würden wir zukünftig anders machen?
- Wie setzen wir das dann konkret um?

In der Gesamtschau finden Sie den Zielklärungs- und Controllingprozeß in Bild 4.4 noch einmal dargestellt.

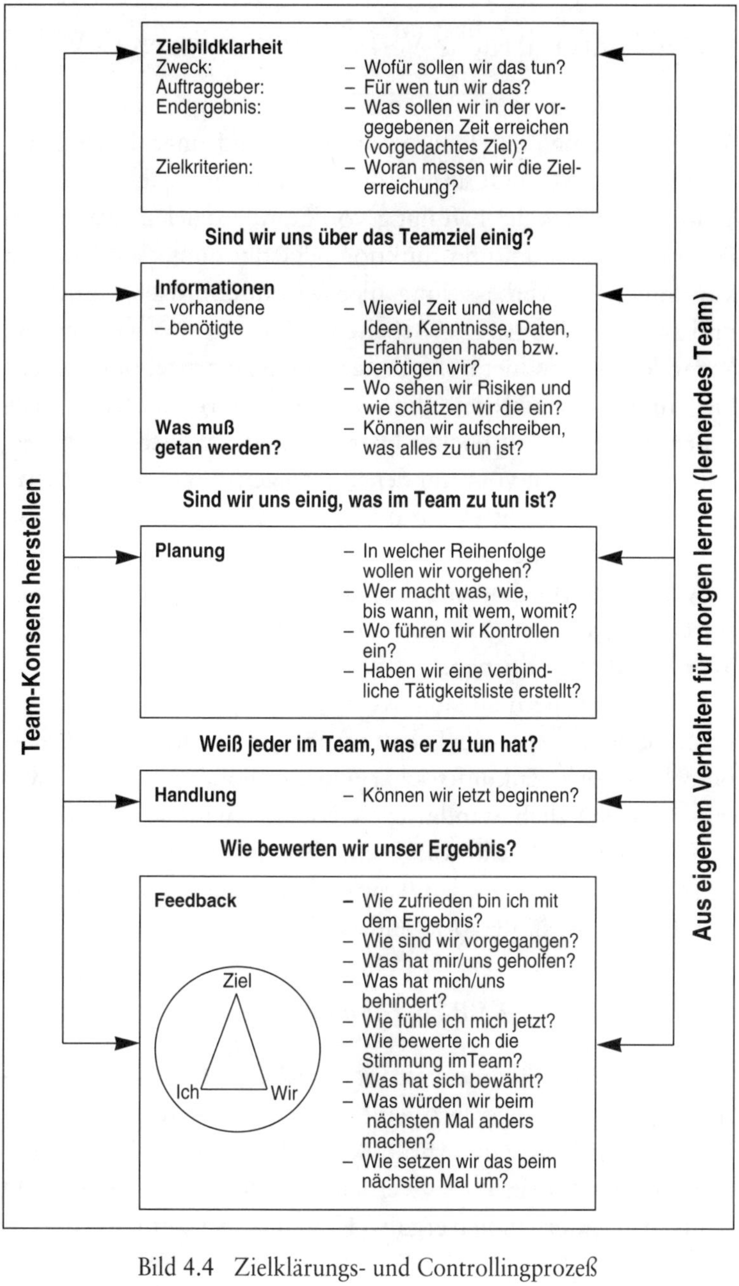

Bild 4.4 Zielklärungs- und Controllingprozeß

Der kontinuierliche Verbesserungsprozeß (KVP)

Unternehmen mit Teamorganisation und einer durchgängigen TQM- und Prozeßorientierung erwarten von den Teams nicht nur die Erfüllung von Standardzielen, was ja im Prinzip einer Erhaltungsfunktion gleichkommt, sondern die kontinuierliche Verbesserung aller Austauschprozesse im Team und zwischen Teams. Das Arbeiten in Prozessen «reflektiert die Veränderung von hierarchisch geprägten zu prozeßorientierten Organisationsstrukturen, d.h. hin zu teamorientierten, dezentralen Einheiten mit flacher Hierarchie und vollständiger Verantwortung für die vom Kunden übertragenen Aufgaben. In letzter Konsequenz geht es um die organisatorische Verankerung des kontinuierlichen Verbesserungsprozesses» [79].

Wer also den Gedanken des Kunden-Lieferanten-Modells umsetzen will, aktiviert sozusagen «flächendeckend» KVP in allen Teams, auf allen Ebenen.

Führung als permanenter Wertschöpfungsprozeß (vgl. Kapitel 2) hat damit neben der Erhaltungsfunktion mindestens gleichberechtigt eine Zukunftssicherungsfunktion zu erfüllen. Wer dauerhaft lediglich Standardziele erreicht, wird sich über kurz oder lang vom Markt verabschieden dürfen. Es ist also ein Alarmsignal, wenn in den Teamzielen keine Problemlösungs- und Innovationsziele vorzufinden sind.

KVP im Team umsetzen

Dem Teamleiter fällt die Aufgabe zu, KVP im Sinne eines dauerhaften Verbesserungsmanagements zu organisieren, damit Verbesserungen kein Zufallsprodukt sind, sondern normaler Bestandteil des Arbeitsalltags werden. Eine Befragung [80] bei 300 deutschen Unternehmen ergab 5 Kernaussagen zur KVP-Praxis:

- ☐ Unternehmen, die eine thematisch-inhaltliche Steuerung vornehmen, sind deutlich besser als die Firmen, die den Teams die Themenauswahl freistellen.
- ☐ KVP-Verantwortliche kommen zu besseren Ergebnissen als ausschließlich selbstverantwortliche Teams. Auf die Mitsprache der Führungskraft bei der Annahme oder Ablehnung eines Vorschlages sollte nicht verzichtet werden. Dort, wo die Führungskräfte für die Umsetzung verantwortlich sind, findet man besonders großen wirtschaftlichen Erfolg.
- ☐ Regelmäßige KVP-Sitzungen mit bedarfsorientierter Sitzungsdauer sind empfehlenswert. Die Gruppengröße ist ideal bei 5 bis 7 Personen.
- ☐ Dort, wo eine Qualifizierung durch Training stattfindet, sind die Ergebnisse besser – insbesondere, wenn es um Verhaltenstraining geht.
- ☐ Unternehmen, die kein ausgefeiltes Anreizsystem haben, sind häufig erfolgreicher als solche mit einem ausgeklügelten System.

Die Ergebnisse zeigen, daß es sinnvoll ist, KVP im Team selbst als zielorientierten Prozeß zu handhaben. Globale, unspezifische Aufforderungen an Teams, Prozeßverbesserungen vorzunehmen, fallen in der Regel nicht auf fruchtbaren Boden. Ferner ist der Teamleiter als letztendlich Umsetzungsverantwortlicher in die Pflicht zu nehmen.

Woher bekommt aber nun das Team den Input für die KVP-Arbeit?

Wir kennen im Unternehmensalltag drei Möglichkeiten zur Themenfindung:

- ☐ Das Management hat eine Hitliste verbesserungsbedürftiger Prozesse erstellt und kommuniziert. In den Teams ergibt sich daraus dann in logischer Ableitung der teambezogene Arbeitsinhalt.

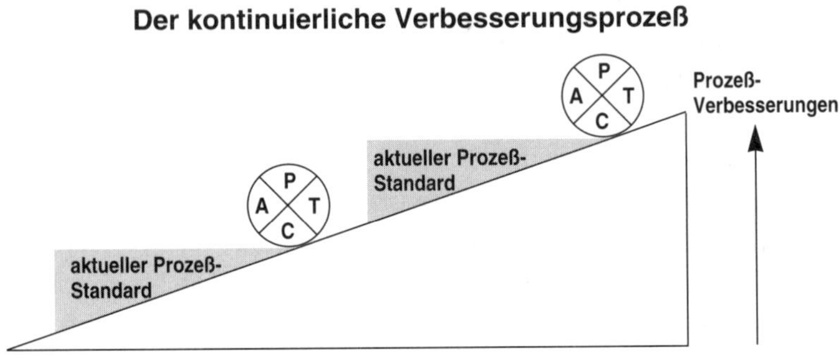

Bild 4.5 Der KVP-Prozeß

- □ Das Team ist gänzlich frei in der Auswahl zu bearbeitender Prozesse, lediglich ein Ranking nach Wertschöpfungsintensität ist zu beachten.
- □ Es gibt eine sogenannte «teil-offene Liste», bei der die ersten drei bis fünf Themen als Pflichtvorgabe vom Management kommen, danach können dann teameigene Themen erarbeitet werden.

Es empfiehlt sich, in der Startphase mit Variante 1 zu beginnen. Später kann das Team dann auf die zweite Variante umsteigen. Der Ablauf der KVP-Arbeit im Team ist in Bild 4.5 dargestellt.

Wir finden in jedem Prozeß einen wie auch immer gearteten qualitativen Standard vor. Sinnvollerweise beginnt man mit solchen Prozeß-Standards, die gestört sind, bei denen immer wieder Nacharbeiten, Reklamationen usw. auftreten.

Deming hat den Ablauf der KVP-Arbeit in dem mittlerweile nach ihm benannten Deming-Rad auf einfache Weise dargestellt [81].

P bedeutet:
(Plane) Gehe planvoll vor.
Wähle den zu verbessernden Prozeß systematisch aus und analysiere ihn.

T bedeutet:
(Tue) Fange mit Verbesserungsarbeiten an.
Entwickle Lösungen und teste sie auf ihre Verbesserungswirkung im Prozeß.
C bedeutet:
(Check) Checke und messe den ganzen Prozeß, ob die Veränderung die gewünschten Ergebnisse gebracht hat.
A bedeutet:
(Aktion) Setze bei erfolgreicher Prozeßverbesserung die gefundene Vorgehensweise als neuen Standard fest. Er gilt so lange, bis er durch einen besseren (wertschöpfungsintensiveren) abgelöst wird.

Wie aus Bild 4.5 zu entnehmen ist, gibt es keinen Endpunkt für Prozeßverbesserungen. Wer mit KVP beginnt, setzt einen stetigen Prozeß in Gang. Deshalb lautet ja auch eines der zehn KVP-Gebote:

KVP ist nie zu Ende!

Dazu ein Praxisbeispiel. 1994 führten wir für ca. 20 Vorgesetzte (Schichtführer, Teamleiter usw.) zweitägige TQM-Seminare durch. Am ersten Tag ging es um die theoretische Grundlegung, am zweiten Tag bereits um konkrete KVP-Arbeit. Hier konnten schon über 30 Prozeßverbesserungen erarbeitet werden. 1995 startete das Management dann im gesamten Rechen- und Druckzentrum in allen Teams flächendeckend ein KVP-Programm. Als am 11.12.95 Bilanz gezogen wurde, konnte man auf stolze 472 realisierte Prozeßverbesserungen zurückschauen.

KVP macht – richtig angewandt – einfach Spaß, bringt Erfolg, aktiviert alle Beteiligten und verbessert nachhaltig die Produktivität des Unternehmens.

Wir möchten Ihnen im nächsten Abschnitt die Prozeßketten-Analyse vorstellen – ein Verfahren, das wir mittlerweile hundertfach trainiert haben und das sich als äußerst brauchbar in der KVP-Arbeit erwiesen hat.

Die Prozeßketten-Analyse

Gehen wir einmal davon aus, daß ein Team in eigener Regie KVP-Themen zusammenstellt. Damit dies funktioniert, stellt der Teamleiter z.B. die Frage:

«Welche Abläufe in unserem Team sind unbedingt zu verbessern?»

Auf diese Frage kamen z.B. in einem Personalreferenten-Team folgende Antworten:

- Urlaubsverwaltung,
- mangelnde Disziplin bei der Schulungsbelegung,
- Reisekostenabrechnungen,
- Mitarbeiterzuordnung zu Kostenstellen und Funktionen,
- Druckaufträge aus Produktionszentrum,
- unabgestimmte Personalauswahl.

Diese 6 Prozesse werden jetzt mit einer Bewertungsfrage gewichtet, und zwar nach dem Kriterium des Wertschöpfungspotentials. Die Frage lautet: «In welchem Prozeß wäre die größte Wertschöpfung zu verwirklichen?»

Daß die gesamte Teamarbeit in Form einer Moderation abläuft, sei der guten Ordnung halber hier noch einmal erwähnt.

Nachdem das Team nun die Prozeßauswahl vorgenommen hat, kann mit der eigentlichen Prozeßketten-Analyse begonnen werden.

Zum besseren Verständnis finden Sie auf den folgenden Seiten zunächst zwei Beispiele aus einem Unternehmen, in dem sehr intensiv mit dieser Technik gearbeitet wird. In Bild 4.8 ist dann die Legende des Prozesses hinterlegt, so daß Sie die verwendeten Symbole später in der eigenen Teamarbeit richtig anwenden können.

Für den Teamleiter als Moderator ist es natürlich sehr wichtig, den Herstellungsprozeß einer solchen Kette regelgerecht zu handhaben. Dazu sollen die nachfolgenden Erklärungen behilflich sein.

Damit Sie schnell und zuverlässig in Ihrem Team eine Prozeßketten-Analyse erstellen können, sind folgende Arbeitsschritte einzuhalten:

1. Sie wählen einen Prozeß mit mangelnder Wertschöpfungsintensität aus und bezeichnen ihn präzise.
(Hinweis: Prozesse mit hoher Störungsanfälligkeit, vielen Doppelarbeiten, ständigen Reklamationen usw. haben Wertschöpfungsmängel.)

2. Sie klären dann, wer an diesem Prozeß überhaupt beteiligt ist, d.h., Sie erstellen die Prozeßkette.
(Symbol: )

3. Dann gehen Sie jedes Element der Prozeßkette nach folgender Frage durch:
«Was müßte dieses Element im Prozeß erbringen, wenn es fehlerfrei läuft?»
(Hinweis: Fragen Sie nie nach Fehlern im Prozeß, sondern immer nur nach dem richtigen Prozeß-Output des Elements!)
Die Outputs werden auf viereckige Karten geschrieben und angepinnt.

4. Erst wenn die gesamte Prozeßkette vollständig beschrieben ist, gehen Sie an die Bewertung.
Die Bewertung erfolgt, je nach Störungsgrad des einzelnen Output-Chips, entweder mit 1, 2 oder 3 Punkten. Keinen Punkt er-

hält eine Karte, wenn der Output okay ist. Sie können mehrfach 1, 2 oder 3 Punkte vergeben.

5. Nun geht es an den Lösungsteil Ihrer Arbeit. Sie beginnen mit den am höchsten bepunkteten Karten und fragen:
«Was ist zu tun, damit dieser Output zukünftig störungs- und fehlerfrei ist?»

6. Die gefundenen/beschlossenen Maßnahmen schreiben Sie bitte immer in eine Tätigkeitsliste, damit ein geregeltes Prozeß-Controlling gewährleistet ist.

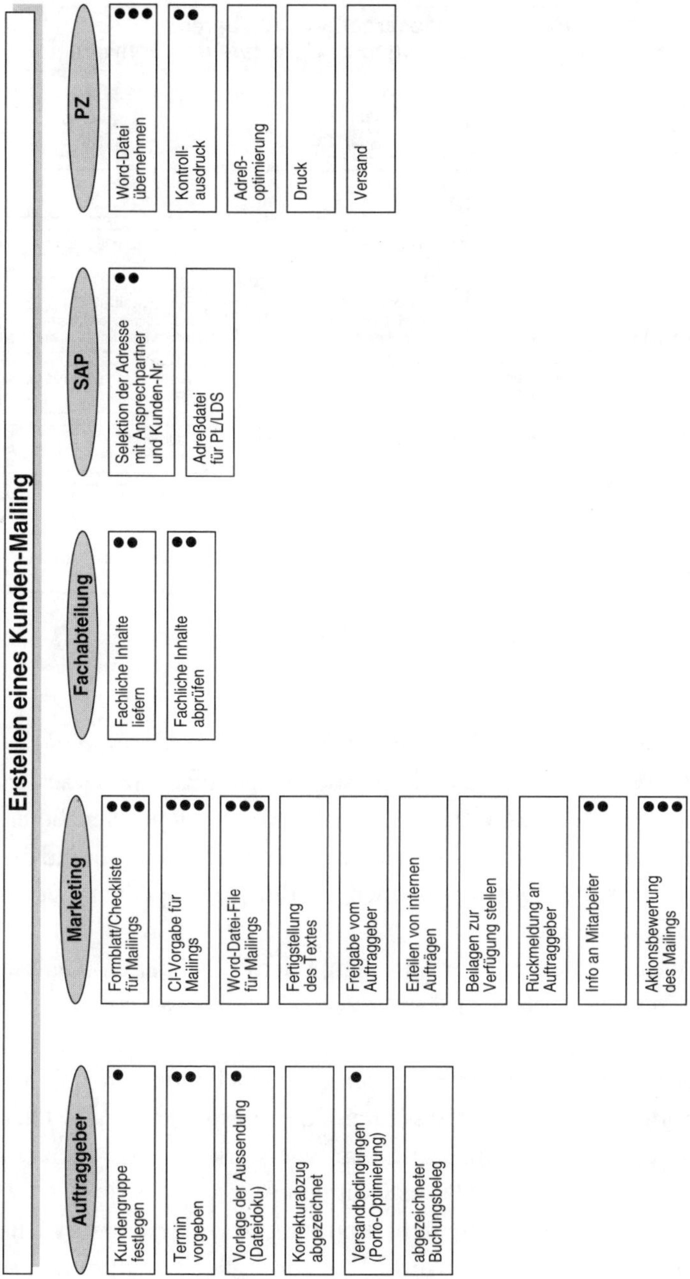

Bild 4.6 Beispiel einer Prozeßketten-Analyse

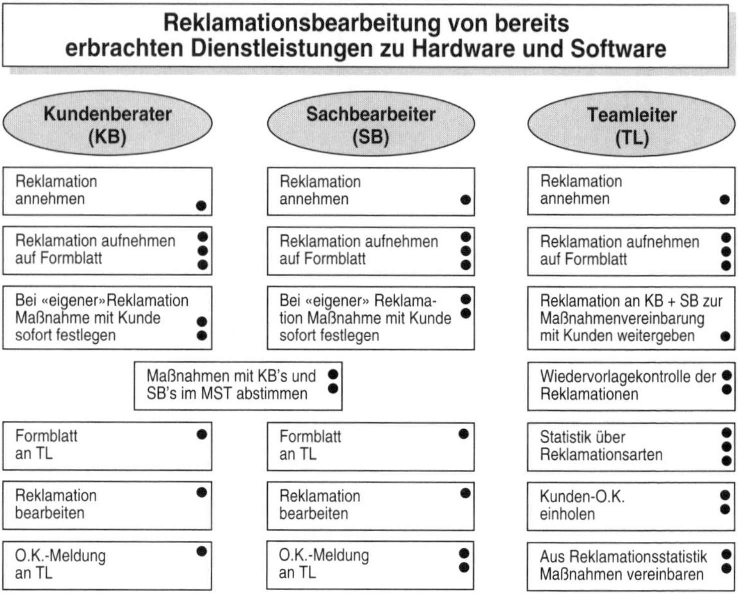

Bild 4.7 Beispiel einer Prozeßketten-Analyse

Der Vorteil der Prozeßketten-Analyse liegt u.a. darin, daß das Verfahren in allen Unternehmensbereichen angewandt werden kann. Gerade in kaufmännisch-verwaltungsorientierten Bereichen funktioniert dies ausgezeichnet, denn nicht überall sind die aus der Produktion stammenden Qualitätsmanagement-Werkzeuge anzuwenden.

Aus der praktischen Erfahrung mit der Prozeßketten-Analyse möchten wir noch auf folgende Aspekte hinweisen:

- Bereits bei der Festlegung der genauen Prozeßbezeichnung kommt es oft zu interessanten Klärungsdiskussionen. Hier wird vor allem schlagartig klar, wie stark vernetzt auch ein scheinbar einfacher Prozeß sein kann.
- Wenn die Prozeßkette steht, kommt jetzt ein besonders wichtiger Punkt, denn die Team-Mitglieder sollen die Output-Kar-

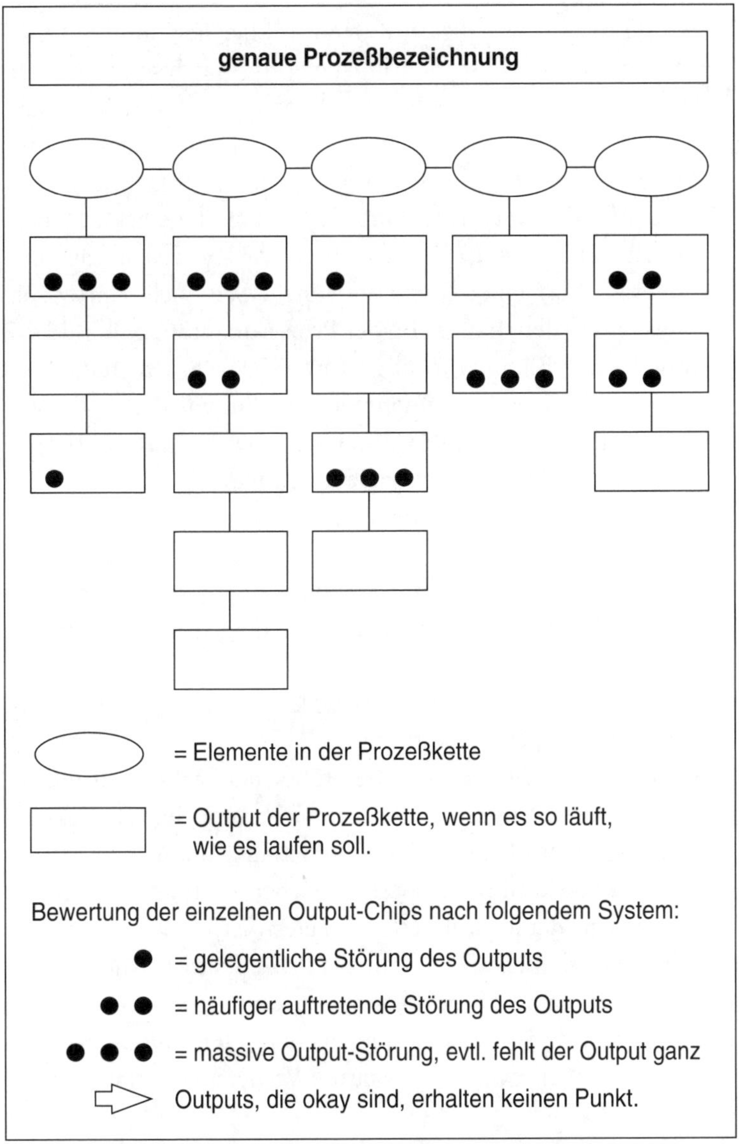

Bild 4.8 Legende zur Prozeßketten-Analyse

ten schreiben. Auf diesen Karten soll der gewünschte O.K.-Output stehen. Dieser Schritt ist methodisch deshalb so wichtig, weil wir die Teams nicht auf Fehlersuche schicken, sondern den wünschenswerten Zustand abbilden lassen. Eine Fehlerkette bekommt ein Team nach unserer Erfahrung nicht hin, außerdem haben Sie endlose Vermeidungsdiskussionen.

- Bei der Punktevergabe sollte man im Zweifel immer den höheren Wert einer Karte zuordnen. Wie viele Karten bepunktet werden, hängt von der Prozeßqualität ab. In Bild 4.7 finden Sie z.B. einen total gestörten Prozeß, der auch nach dieser Analyse vollkommen neu gestaltet wurde.
  Der Prozeß in Bild 4.6 ist durch nur wenige Verbesserungen relativ schnell voll funktionsfähig zu machen.
- Wenn es an die Lösungsarbeit geht, beginnt man zuerst mit den 3-Punkte-Karten. Fragen Sie bitte immer, was zu tun ist, um diesen Prozeß-Output standardisieren zu können. Ein Standard kann eine Verfahrensanweisung sein, ein Formular usw.
  Denken Sie bitte immer daran: Wo keine Standards sind, kann keine Qualität entstehen!
- Damit die Umsetzung der beschlossenen Arbeiten funktioniert, empfehlen wir dringend die Führung einer Tätigkeitsliste, da das Reden über Tun noch kein Tun auslöst.
- Soll gekennzeichnet werden, welcher Output an welches Element in der Prozeßkette zu liefern ist, so kann dies wie folgt geschehen: Die Elemente der Prozeßkette werden durchnumeriert, und auf die viereckigen Output-Karten wird die empfangende Stelle links oder rechts unten aufgeschrieben. Auf diese Weise wird die gesamte Vernetzung darstellbar.

Eine der typischen vier Fallen der Teamarbeit (vgl. Kapitel 1) lautet: In Teams gibt es keinen Selbstbeauftragungsmechanismus! Deshalb führen Sie die in Bild 4.9 dargestellte Tätigkeitsliste generell bei allen Team-Arbeitssitzungen regelmäßig be-

Tätigkeitsliste zur Teamsitzung
vom: ____________

Teilnehmer waren: ____

Nr.	Tätigkeit	wer	mit wem	bis wann	Art des Ergebnisses

Bild 4.9 Muster einer Tätigkeitsliste

gleitend zur Teamarbeit mit. Füllen Sie die Liste handschriftlich aus, und geben Sie jedem Team-Mitglied vor Beendigung der Teamsitzung eine Kopie, damit er/sie schwarz auf weiß sehen kann, was zu tun ist.

Feedback-Prozesse – Lernen am eigenen Modell

In diesem Abschnitt geht es um die zentrale Frage, wie ein Team lernt, sich selbst weiterzuentwickeln, und zwar in einem ganzheitlichen Verständnis von ökonomischem und interaktionalem Wachstum. Im Sinne der lernenden Organisation ist das Team dann *«der Ort, wo Menschen ständig ihre Fähigkeit vergrößern, die Resultate zu erreichen, die sie sich wünschen; wo neue, bewußtseinserweiternde Denkmuster erzeugt werden; wo gemeinschaftliche Ambitionen freien Raum erhalten und wo alle permanent lernen, wie sie miteinander dazulernen können»* [82].

Und die grundlegende Herausforderung für alle Führungskräfte auf jedweder Etage besteht darin, mehr Raum für Reflexion zu schaffen. Wir benötigen Teams, die beim Arbeiten darüber nach- und vordenken, was sie tun, warum sie es so tun und wie sie es zukünftig besser machen wollen. Aus eigenem Verhalten für morgen lernen, so wäre man auf dem Weg zum lernenden Team.

Welche Aspekte dabei zu berücksichtigen und wie Feedback-Prozesse zu gestalten sind, wird nachfolgend eingehend dargestellt.

Feedback als Lernhilfe

Feedback bedeutet, daß man Rückschau hält auf einen abgelaufenen Arbeitsprozeß im Team, sich also genau anschaut, ob das gemeinsame Ziel erreicht wurde. Da Teamarbeit per se immer soziales Miteinander bedeutet, stehen beim Feedback zwei Aspekte zur Betrachtung an: zum einen die sachliche Begutachtung des Arbeitsergebnisses (Zielerreichung); zum zweiten die Begutachtung des Teamprozesses, der zur Leistungserstellung geführt hat.

Während die rationale Ergebnisprüfung weitestgehend auf Verständnis stößt, sieht dies bei der gruppendynamischen Prozeßanalyse ganz anders aus. Obgleich man weiß, daß nur über die Verbesserung des Teamprozesses ein dauerhafter Wachstumsprozeß im Team garantiert werden kann, umgehen viele Teams und Teamleiter das Prozeß-Feedback.

Neben den vielen rationalen Erklärungen und Sprüchen wie Zeitmangel, fehlendem Bewußtsein des Teams für so etwas («unnötige Nabelschau»), Erfolg braucht keinen Rückblick usw., spielt etwas ganz anderes hinein:

❞ *Weil das lernende System eine Verletzung seines Selbstkonzeptes, seiner Ziele und Werte befürchtet, werden die Chancen einer korrigierenden Rückkopplung eingeengt [83].* ❝

Ein lernendes Team hingegen «folgt der Einsicht, daß es die Situation, in der es sich zu befinden glaubt, nur deshalb so sieht, weil es bisher nur diese oder jene beschränkten Lernprozesse hinter sich gebracht hat». [84] In dem Moment, wo ein Team sich aus dem selbstgeschaffenen Käfig der bisher zulässigen Feedback-Praxis befreit, wird es neue Verhaltensaspekte erlernen.

Das Team stellt den eigenen Prozeß zu Diskussion, bewertet die angewandten Regeln, Verfahren, internen Problemlösungskapazitäten, zwischenmenschlichen Aspekte der Zusammenarbeit, Konfliktlösungsfähigkeit usw.

Und dies geschieht nicht mit Widerwillen oder unter äußerem Druck, sondern wird als fester Bestandteil der Teamarbeit und Chance für die eigene Weiterentwicklung begriffen.

Die Team-Mitglieder lernen so, sich sensibler mit eigenen Verhaltensweisen und dem Verhalten anderer im Team auseinanderzusetzen. Feedback hat hier die Form einer Mitteilung an andere, wie ihr Verhalten in einer bestimmten Teamsituation von mir wahrgenommen, bewertet und erlebt wurde. Daneben bezieht sich Feedback auch immer auf die wahrgenommene und erlebte Prozeßqualität als Ganzes.

Arbeit ohne Feedback ist tote Arbeit. Einzig das Feedback ermöglicht uns zu wachsen, eigene Verhaltensweisen zu korrigieren, Bewährtes zu verstärken und zukünftige Prozesse eleganter zu gestalten.

Wie Feedback-Prozesse im Team durchzuführen sind, wollen wir jetzt intensiver betrachten.

Feedback richtig handhaben

Rückkoppelung über eigenes Verhalten von anderen Menschen zu bekommen, sind wir eigentlich gewohnt. Allerdings geschieht dies zumeist in Eltern-Kind- oder Lehrer-Schüler-Beziehungen als unausweichlicher Teil des persönlichen Sozialisationsprozesses. Und wir wissen aus Erfahrung, daß Feedback gelegentlich auch verletzend dargebracht wird.

Gerade wenn es um Fehler, Versäumnisse, Pannen usw. geht, gerät Feedback oft zur handfesten Schelte, ja auch schon mal zur verbalen Körperverletzung. Solches Feedback nützt meist wenig, weil es als Frontalangriff auf das Selbstwertgefühl empfunden wird und damit die ursprüngliche Intention der Verhaltenskorrektur verfehlt.

Damit Feedback beim Empfänger richtig ankommt, sollte der Feedback-Geber bestimmte Regeln ganz strikt einhalten. Die folgenden Feedback-Regeln [85, 86] sind gruppendynamisch bewährt; sie sollen in einer Teamsitzung erklärt und besprochen werden, so daß jedes Team-Mitglied sich danach verhalten kann. Ferner ist darauf zu achten, daß Feedback-Prozesse immer vom

Teamleiter oder einem Team-Mitglied moderiert werden. Die Regeln gelten für mündliches wie schriftliches Feedback, sie lauten:

- □ Prüfe, ob der andere das Feedback jetzt haben will und in einer aufnahmebereiten Zuhör-Haltung ist.
- □ Beschreibe nur, was konkret beobachtbar war, und die eigene Gefühlsreaktion darauf.
  (Zum Beispiel: Du hast mich meinen Vorschlag nicht vortragen lassen, und das hat mich wütend gemacht.)
- □ Bewerte, interpretiere und analysiere nicht.
  (Beispielsweise: «Du bist hier der dominante Typ!» oder: «Ich sehe, daß du dich für das Team wenig interessierst!»)
- □ Sprich immer im eigenen Namen mit «Ich» und nicht mit «Wir», «Man» oder «Es».
- □ Feedback soll umkehrbar sein, d.h., der andere soll es auch zu mir sagen können.
- □ Feedback soll zeitnah am Verhalten sein. Aufgestautes Feedback führt sonst zu leicht zur Generalabrechnung. (Blick zurück im Zorn!)
- □ Feedback sollte die Informationsaufnahmekapazität des anderen berücksichtigen. Ermüdend langes und zu detailliertes Feedback verfehlt die angepeilte Orientierungswirkung beim Empfänger.

Soweit die wichtigsten Regeln für das Geben von Feedback im Team. Wer sein Feedback so gestaltet, dürfte ganz gute Annahmechancen haben. Dennoch ist es notwendig, auch für den Feedback-Empfänger im Team einige Grundregeln klar zu machen.

Bei der Feedback-Annahme sind folgende Aspekte zu beachten:

- □ Der Empfänger hört aufmerksam zu, nimmt konzentriert auf.
- □ Der Empfänger geht nicht in die Gegenrede, versucht etwas klarzustellen oder sich zu verteidigen.
- □ Der Empfänger kann bei unklaren Aussagen nachfragen. (Das darf aber nicht zu einem «Ich-stelle-mich-dumm-Spiel» geraten.)
- □ Bitten Sie um Feedback, wenn Sie konkrete Informationen über Ihr Verhalten haben wollen.

Erfolgt Feedback im Team nach diesen Grundregeln, dann ist es hilfreich zur Klärung von Beziehungen zwischen Team-Mitgliedern und dient außerdem dazu, das Team in emotionaler Balance zu halten.

Die Frage ist natürlich immer, wie oft man Prozeß-Feedback im Team durchführt. Hier gibt es keine festen Regeln, aber erfahrungsgemäß einige Standardsituationen, wo es wirklich Sinn macht.

Zunächst empfiehlt es sich, Feedback häufiger in der Startphase eines Teams einzubauen. Das fördert die Offenheit und hat eine die Teamkultur prägende Funktion.

Teamleiter, die Feedback-Runden in den ersten Sitzungen ausblenden, bekommen spätestens in der Konfliktphase (vgl. Tabelle 1.2) eine geballte Ladung davon ab. Wie heißt es doch so treffend: Immer wenn Sie etwas vermeiden wollen, bekommen Sie von dem, was Sie nicht wollen, immer mehr!

Eine weitere Situation, in der Feedback dringend erforderlich ist, liegt vor, wenn es im Arbeitsprozeß selbst zu Spannungen und Konflikten kommt. Wir werden darauf im nächsten Abschnitt wegen der besonderen Bedeutung noch intensiver eingehen.

Dringend anzuraten ist ein ausführliches Feedback am Ende eines Arbeitsprozesses, Projektes, wichtigen Meilensteins usw. Diese Gesamtschau sollte in einer eigenen Teamsitzung stattfinden. Welche Chancen vertan werden, wenn hierauf verzichtet wird, ist aus motivationspsychologischer, gruppendynamischer und ökonomischer Sicht nicht zu vertreten. Etwas abzuschließen und rund zu machen, statt mit unerledigten Restgefühlen ins nächste Unterfangen zu starten, das ist im Team-Alltag noch eher die Ausnahme als die Regel.

Der Teamleiter ist für die Initiierung der Feedback-Prozesse als Moderator und Coach verantwortlich. In der Teamleiter-Ausbildung sind deshalb Feedback-Prozeß-Übungen mit entsprechendem Stellenwert einzubauen.

Wir möchten Ihnen nun im nächsten Abschnitt einige praxiserprobte Feedback-Instrumente vorstellen.

Erprobte Feedback-Instrumente

Die folgenden vier Feedback-Instrumente sind das Basisrüstzeug für Teamleiter, wenn sie Team-Feedback-Prozesse initiieren. Welches Verfahren im Einzelfall angewandt wird, ist situativ zu entscheiden.

Blitzlicht

Beim «Blitzlicht» [87] wird jedem Team-Mitglied Gelegenheit gegeben, in knapper, komprimierter Form mündlich mitzuteilen, was gerade in ihm vorgeht. Das kann ein Gefühl, ein Wunsch, eine Befürchtung oder eine Reaktion auf andere im Team sein.

Das Blitzlicht ist vielseitig einsetzbar, z.B. wenn es um das Erhellen von Stimmungen geht, Spannungen vorhanden sind, es wichtige Ereignisse im Team gab oder am Abschluß einer Teamarbeit das persönliche Befinden ausgedrückt werden soll. Der Begriff «Blitzlicht» impliziert schon, daß es um eine Momentaufnahme geht. Lange Meinungsäußerungen oder Monologe sind nicht gefragt. Jedes Feedback sollte möglichst in einem Satz erfolgen.

Damit das Blitzlicht funktioniert, sind vom Moderator folgende Regeln zu beachten:

1. Der Moderator fordert die Teilnehmer auf, in einem Satz zu sagen, was jeder in der aktuellen Situation denkt, fühlt, möchte usw. Es kann auch zu einer Frage reihum Stellung genommen werden. Beispiele sind: «Wie fühle ich mich am Ende dieser Teamsitzung?» «Was bewegt mich, wenn ich auf die bisherige Arbeit zurückschaue?» «Was würde ich jetzt gerne tun?»

2. Es wird nur zugehört, nicht nachgefragt, kommentiert oder kritisiert.

3. Auch der Moderator macht ein Blitzlicht.

4. Wenn jeder sein Blitzlicht abgegeben hat, kann (muß aber nicht) eine Vertiefung erfolgen, z.B. mit folgenden Fragen:
«Gibt es ein Feedback, das noch ausführlicher besprochen werden sollte?»
«Hat uns ein Blitzlicht besonders überrascht/nachdenklich gemacht?»

Sie können das Blitzlicht unbedenklich anwenden, es nützt sich nicht ab. Sinnvoll einzusetzen ist es auch am Ende von Team-Besprechungen.

Einpunkt-Frage
Die Einpunkt-Frage ist die kürzeste Form eines nicht-verbalen Feedbacks im Team. Jeder Teilnehmer erhält einen Klebepunkt, den er als «seine Antwort» in eine Skala auf ein vorgefertigtes Plakat klebt. Diese Methode ist besonders geeignet für die Einstiegs- oder Anwärmphase der Teamarbeit. Sie ist aber auch im Verlauf eines Arbeitsprozesses oder an dessen Abschluß sinn-

voll einsetzbar. Dabei geht es inhaltlich um Feedback zu Sach- und Beziehungsaspekten.
Zu Sachfragen der Teamarbeit könnten folgende Einpunkt-Fragen gestellt werden:

- «Wie zufrieden bin ich mit dem Ergebnis der Teamarbeit?»
- «Wie weit stimme ich der gefundenen Teamlösung zu?»
- «Haben wir das Problem im Griff?»

Hinsichtlich des Beziehungsaspektes sind z.B. Fragen denkbar wie:

- «Wie bewerte ich die Stimmung im Team?»
- «Wie zufrieden bin ich mit der Zusammenarbeit im Team?»
- «Wie offen können wir im Team miteinander reden?»
- «Wie hoch schätze ich die Arbeitsmotivation im Team ein?»

Anhand solcher Fragen wird sehr schnell sichtbar, wo das Team arbeits- und/oder beziehungsmäßig steht. Die Teilnehmer kleben ihren Feedback-Punkt in eine vorbereitete Skala auf ein Flipchartblatt oder Pinwandplakat.

Als Skalenformen sind gleitende oder gestufte Skalen geeignet, wie die Beispiele in den Bildern 4.10 und 4.11 zeigen.

Damit die Moderation der Einpunkt-Frage erfolgreich verläuft, sind für die Vorbereitung und Durchführung einige Regeln zu beachten. Für die Vorbereitung gelten folgende Hinweise:

- Links oben auf der Pinwand wird die Frage angebracht bzw. beim Flipchart aufgeschrieben.
- Das Punktefeld der Skala sollte räumlich so gestaltet sein, daß eine Streuung auch optisch gut sichtbar ist (ca. 50 cm breit).
- Die Frage ist eindeutig und offen formuliert.

Die gleitende Skala

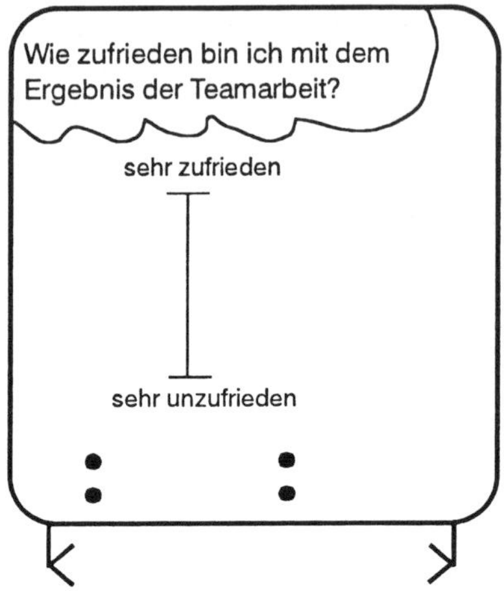

Bild 4.10 Einpunkt-Feedback-Frage mit gleitender Skala

Die gestufte Skala

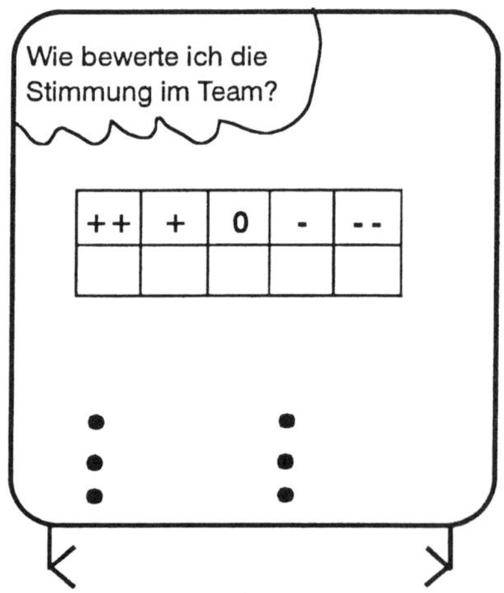

Bild 4.11 Einpunkt-Feedback-Frage mit gestufter Skala

- □ Die Frage ist an das Team persönlich gerichtet.
- □ Da die Teilnehmer nach dem Punkten das Punktbild kommentieren sollen, ist bei Pinwandeinsatz unter oder neben der Antwortskala genügend Freiraum dafür zu lassen. Bei Flip-

charteinsatz werden Kommentare auf ein separates Blatt geschrieben.

Für die Moderation der Einpunkt-Frage gelten folgende sechs Regeln:

- □ Die visualisierte Frage wortwörtlich vorlesen und evtl. kurz inhaltlich erläutern.
- □ Das Antwortschema erläutern und Beispiele für die Beantwortung geben.
- □ An jedes Team-Mitglied einen Klebepunkt austeilen. Moderationsfrage: «Haben Sie sich schon entschieden, wohin Sie den Punkt kleben wollen?»
- □ Zum gemeinsamen Punkten auffordern. Es darf keiner vorpreschen!
- □ Das Team zur Interpretation des Punktbildes auffordern. Moderationsfrage: «Was sagen Sie zu diesem Punktbild?»
- □ Kommentare auf dem Plakat bzw. Flipchartblatt wortwörtlich mitschreiben. Moderator darf nicht selbst interpretieren.

Zur Veranschaulichung sind in den Bildern 4.10 und 4.11 zwei Beispiele der Einpunkt-Frage mit unterschiedlicher Skalengestaltung aufgeführt.

Zu Bild 4.10:

- □ Es werden nur die beiden Pole beschriftet.
- □ Die Skalen-Benennung muß eindeutig bipolar sein.
- □ Die Skalenlänge sollte ca. 50 cm betragen.
- □ Moderationskommentar zur Skala: «Je weiter Sie den Punkt nach außen setzen, um so mehr tendieren Sie zum jeweiligen Pol.»
- □ Unter oder neben der Skala genügend Platz für Kommentare lassen.

Zu Bild 4.11:

- □ Die gestufte Skala umfaßt 5 Stufen.
- □ Statt der Symbole ++ usw. kann man auch eine Stufenbezeichnung vornehmen. Es geht aber immer nur eines: entweder Symbole oder Stufenbezeichnungen. Achten Sie bei der Bezeichnung darauf, daß Sie echte Abstufungen formulieren.
- □ Das Punktefeld ist jeweils unterhalb der Skalenstufe und sollte groß genug sein (ca. 10 cm).
- □ Unter der Skala genügend Platz für Kommentare lassen.

Strukturiertes Prozeß-Review
Hierbei handelt es sich um eine umfassende Prozeßbewertung in moderierter Form durch den Teamleiter oder ein anderes Team-Mitglied. Ziel des Prozeß-Review ist die Gewinnung von Erkenntnissen über prozeßfördernde und prozeßhemmende Faktoren und deren Hintergründe.

Dazu gehört auch, den Blick nach vorne zu richten und zu fragen, was für die zukünftige Teamarbeit unbedingt beizubehalten oder auf alle Fälle zu verbessern ist. Insofern liegt hier im Kern ein Controllingansatz vor, denn es geht um die Verbesserung der Vorsteuerungsqualität eines Prozesses.

Für die Moderation des Prozeß-Review empfiehlt sich folgende praxiserprobte Vorgehensweise:

- □ Sie beginnen immer mit der Erfolgsanalyse, indem Sie fragen: «Was hat gut geklappt im Team?»
- □ Im zweiten Schritt fragen Sie jetzt nach den Blockadefaktoren: «Was hat im Team nicht so gut geklappt?»
- □ Sie bringen die Erfolgs- und Blockadefaktoren in eine Rangreihe nach Wichtigkeit. Die Frage dazu lautet: «Welches sind für uns die wichtigsten Faktoren?»
- □ Sie richten den Blick des Teams auf den nächsten bevorste-

henden Arbeitsprozeß und fragen: «Was konkret wollen wir beim nächsten Mal anders machen bzw. beibehalten?»

Diese Fragen sind auf jeweils einem Flipchartblatt zu visualisieren.

Als Arbeitsanweisung für die Teilnehmer kommt vom Moderator der Hinweis, daß jedes Team-Mitglied bitte zunächst einmal in Ruhe für sich alleine diese Fragen beantworten soll, entweder auf einem Blatt Papier oder auf Moderationskarten. Setzen Sie für diese Sammlungsphase ruhig einmal 10 Minuten an.

Danach wird dann per Zuruf am Flipchart gesammelt, und zwar zuerst alle Erfolgsindikatoren. Springen Sie bitte in der Moderation nicht zwischen erfolgsfördernden und erfolgshemmenden Faktoren hin und her.

Sollte eine Nennung zu pauschal sein, fragen Sie bitte klärend nach, z.B. wenn ein Teilnehmer sagt: «Mir hat der Arbeitsstil gut gefallen!» Hier ist zu klären, was mit «Arbeitsstil» gemeint ist. Eine wesentlich konkretere Aussage könnte daraufhin dann lauten: «Ich fand es gut, daß wir bei jeder Sitzung klare Ziele formuliert haben.»

Achten Sie auch darauf, daß die Feedback-Regeln eingehalten werden. Feedback enthält nur dann einen verhaltensändernden Impuls, wenn es konkret beobachtbares Verhalten beschreibt.

Das Team soll in der nächsten Phase die Erfolgs- und Blockadefaktoren jeweils getrennt bewerten. Nach der 20-80-Regel müßte es hier zu eindeutigen Präferenzen kommen. Nach diesem Schritt hat das Team eine fundierte Bilanzierung des Geschehens vorgenommen. Damit ist der Rückblick dann auch beendet.

Die Frage, die sich jetzt stellt, lautet: «Was hat das Team für morgen aus dem Gestern gelernt?» Was will man konkret tun, um zukünftig noch besser zu werden? Und diese Phase im Prozeß-Review ist konkret erlebtes KVP im Team. Die Fähigkeit, die eigene Arbeitssituation durch bewußtes Reflektieren und Vordenken zu beeinflussen, zu verändern, positiv mitzugestalten, ist ein unverwechselbares Qualitätsmerkmal des lernenden Teams.

Ein Teamleiter mit gut ausgeprägter sozialer und methodischer Kompetenz setzt es sich zum Ziel, «sein» Team dorthin zu entwickeln. Er nimmt sich die Zeit für Prozeß-Reviews, sie sind für ihn fester Bestandteil der Teamarbeit. Er arbeitet mit diesem Instrument bei Stockungen im Prozeß genauso selbstverständlich wie am Ende der Teamarbeit, damit das Team auf Wachstumskurs kommt.

Team-Bewertungsbogen

Ein völlig anders geartetes Feedback-Instrument ist der Team-Bewertungsbogen. Er wird eingesetzt, um verschiedene Team-Dimensionen in ihrer Ausprägung zu messen. Ein entsprechendes Beispiel finden Sie in Bild 4.12.

Der Fragebogen wird anonym ausgefüllt und dann ausgewertet. Die Ergebnisse werden dem Team anschließend präsentiert, und es folgt eine Diskussion darüber, was im Team zu tun ist, um zu verbesserten Abläufen und Verhaltensweisen zu kommen.

Der Vorteil dieses Verfahrens liegt u.a. darin, daß alle Team-Mitglieder zu fest vorgegebenen Teamaspekten Bewertungen abgeben. Entscheidend ist allerdings eine gut moderierte Auswertungssitzung, in der man zu klar umrissenen Vorstellungen hinsichtlich machbarer und notwendiger Verbesserungen kommt.

Was die Häufigkeit der Anwendung anbelangt, ist eine eher vorsichtige Dosierung zu empfehlen. Ein Einsatz wäre nach mindestens drei Arbeitssitzungen erstmalig sinnvoll, denn jeder muß ja eine zu bewertende Erlebniswelt im Team hinreichend erfahren haben.

Danach ist mit dem Team gemeinsam festzulegen, in welchem

Team-Bewertungsbogen

(Hinweis: Zu jeder Frage ist ein Wert von –3 bis +3 anzukreuzen. Die Null ist nur dann zu wählen, wenn Sie die Frage nicht beantworten können.)

1.	Mir waren die Teamziele	nicht klar	–3	–2	–1	0	+1	+2	+3	ganz klar
2.	Kritik war meistens	abwertend	–3	–2	–1	0	+1	+2	+3	konstruktiv
3.	Die Team-Mitglieder zeigten sich mehr als	Einzel-kämpfer	–3	–2	–1	0	+1	+2	+3	gruppen-orientiert
4.	Das Team hat sich oft thematisch	verzettelt	–3	–2	–1	0	+1	+2	+3	zielstrebig verhalten
5.	Die Team-Mitglieder konnten in ihren Beiträgen	nicht ausreden	–3	–2	–1	0	+1	+2	+3	ausreden
6.	Abweichende Ansichten wurden meistens	weg-gedrückt	–3	–2	–1	0	+1	+2	+3	gehört
7.	Konflikte im Team wurden	ignoriert	–3	–2	–1	0	+1	+2	+3	offen behandelt
8.	Die Aktivitätsanteile der Team-Mitglieder waren	sehr unter-schiedlich	–3	–2	–1	0	+1	+2	+3	ziemlich gleich-verteilt
9.	Der Teamleiter hat das Team	dominiert	–3	–2	–1	0	+1	+2	+3	kooperativ geführt
10.	Das Klima im Team war insgesamt	stark angespannt	–3	–2	–1	0	+1	+2	+3	entspannt und frei
11.	Die Fähigkeiten der Team-Mitglieder	blieben ungenutzt	–3	–2	–1	0	+1	+2	+3	wurden voll aus-geschöpft
12.	Die Arbeitsweise des Teams war	wenig methodisch ausgerichtet	–3	–2	–1	0	+1	+2	+3	stark methodisch geprägt

Bild 4.12 Beispiel für einen Team-Bewertungsbogen

Abstand eine erneute Messung erfolgen soll. Mehrfachmessungen haben natürlich den Vorteil, die Teamentwicklung für alle nachvollziehbar dokumentieren zu können. So ist feststellbar, wo es im Team vorangeht und wo nicht.

Prozeß-Störungen – Wie man Konflikte im Team konstruktiv löst

Der vierte Kernprozeß in Teams betrifft «Prozeß-Störungen», genauer gesagt Konflikte im Team. Spitzenteams zeichnen sich u.a. dadurch aus, daß sie Konflikte im Frühstadium wahrnehmen, im Team thematisieren und zu einer schnellen Lösung kommen. Was sich hinter Konflikten verbirgt und wie sie konstruktiv gelöst werden können, wird uns auf den folgenden Seiten beschäftigen.

Konflikte – Bedrohung oder Chance?

Tagtäglich hören und lesen wir von Konflikten. Da gibt es den Nord-Süd-Konflikt, verschiedenartige Religions-, Rassen- und Stammeskonflikte in allen möglichen Ländern der Erde. Wir erleben Tarifkonflikte mit und natürlich auch berufliche Entscheidungskonflikte. Und dann sind da noch die nicht zu unterschlagenden Familien-, Ehe- und Generationenkonflikte. Offensichtlich bestehen kaum Bereiche, in denen es nicht zu irgendwie gearteten Konflikten kommt.

Auch in jedem Team treten immer wieder Auseinandersetzungen, Meinungsverschiedenheiten, Spannungen und Unstimmigkeiten auf. Nach aller Lebenserfahrung kann man also feststellen, daß Konflikte etwas Normales sind. Sie sind unser alltäglicher Begleiter. Und trotz dieser scheinbaren Alltäglichkeit scheuen die meisten Menschen Konflikte. Sie verbinden damit negative Erfahrungen, bedrückende Gefühle und belastende Verhaltensweisen.

Konflikte im Team verzehren häufig viel Energie, hemmen die Lösungsgeschwindigkeit und lösen bei manchen Beteiligten Ängste aus. Von daher bewerten Menschen Konflikte als etwas äußerst Unangenehmes, das man am besten vermeidet oder verdrängt. Aber: Nicht der Konflikt regelt, wie es ausgeht, sondern die Personen, die ihn austragen.

Es hängt also vom Verhalten der Konfliktparteien ab, ob ein Konflikt als bedrohlich empfunden wird oder nicht.

So gesehen, entdecken wir dann plötzlich auch die positiven Seiten des Konfliktes, denn Konflikte verhindern Stagnation, führen zu neuen Lösungen, grenzen Interessen, Teams und Probleme voneinander ab, schaffen Klarheit und Identität, bewirken Veränderungen im einzelnen Menschen, in Teams, im beruflichen und gesellschaftlichen Umfeld, verhelfen zur Selbsterkenntnis und signalisieren Probleme.

Vielleicht haben Sie ja, beruflich wie privat, aus eigener Anschauung schon beide Seiten des Konfliktes erlebt – die positiv-konstruktive und die negativ-bedrohliche Seite. Und sicherlich werden Sie immer festgestellt haben, daß es entscheidend darauf ankommt, wie jeder Konfliktbeteiligte mit dem Konflikt umgeht, welches Verhalten er zeigt. Konflikte sind deshalb nicht nur normaler Lebensbestandteil, sondern sie können bei richtiger Handhabung auch bereichernd wirken. Und kein Team kommt, wenn es wirklich zusammenwachsen will, an der Konfrontations- und Konfliktphase vorbei.

Was ist nun genau ein Konflikt?

Als Konflikt bezeichnen wir eine Spannungssituation, in der zwei oder mehr Parteien, die voneinander abhängig sind, versuchen, gleichzeitig gegensätzliche Handlungspläne zu verwirklichen.

Dazu ein Beispiel: In einem Team besteht ein Auffassungsunterschied zwischen dem Teamleiter und dem Team über das Auswahlverfahren für neue Team-Mitglieder. Der Teamleiter möchte alleine darüber entscheiden, wer ins Team kommt. Das Team möchte die Kandidaten vorher im Gespräch kennenlernen und eine Beurteilung dazu abgeben.

Wenden wir dieses Beispiel auf die obige Konfliktdefinition an, dann sind folgende Ableitungen möglich:

- Die Spannungssituation entsteht, weil hier zwei Parteien nicht die jeweils anderen Pläne akzeptieren oder das Feld verlassen, sondern sich durchsetzen wollen.
- Ein Konflikt erfordert mindestens zwei eigenständig handelnde Parteien. Das können Einzelpersonen, Gruppen, Verbände, Abteilungen usw. sein.
  (Wir betrachten hier nicht solche Konflikte, bei denen innerhalb einer Person gegensätzliche Tendenzen vorhanden sind.)
- Die gegenseitige Abhängigkeit besteht darin, daß das Verhalten der einen Partei die Wahrscheinlichkeit der Zielerreichung der anderen erhöht oder vermindert.
- Die Absicht, gleichzeitig gegensätzliche Handlungspläne zu verwirklichen, kann verschiedenartige Formen annehmen, z.B. Überzeugen, Drohen, Kompromisse finden, Abwürgen, Überreden usw.

Nun gibt es in einem Team von vornherein Bedingungen, die dazu führen, daß Spannungszustände vermehrt auftreten. Konfliktbegünstigend können folgende 3 Faktoren sein:

- Übergeordnete Unternehmensziele erfordern ein abgestimmtes Vorgehen. Das Team muß seine Einzelbetrachtung aufgeben und Rücksicht nehmen auf die Pläne anderer Teams, Bereiche usw.

- Die Arbeitsteilung im Team macht Mitarbeiter in ihren konkreten Alltagshandlungen voneinander abhängig. Konflikte entstehen, wenn vor- oder nachgelagerte Stellen «schlechte Qualität» machen, z.B. durch fachliche Mängel, schlampige Arbeitsausführung, mangelnde Termintreue usw. (siehe Kunden-Lieferanten-Modell).
- Im Regelfall stehen knappe Mittel zur Verfügung, um deren Verteilung oft gerungen wird, z.B. um Budgets, technische Ausstattung, zusätzliche Stellen usw.

Damit Konflikte nicht nur zu Verdruß und Ärger beim Teamleiter und Team führen, ist es wichtig, den konstruktiven Umgang mit Konflikten zu lernen, damit die im Konflikt steckenden positiven Kräfte freigesetzt werden.

Die Sach- und Beziehungsebene in Konflikten

Beim Konflikt geht es zunächst immer einmal um einen inhaltlich-sachlichen Gesichtspunkt, sei es, daß man sich über verschiedene Ziele, Wege oder um knappe Mittel streitet. Darüber hinaus entwickeln die Konfliktpartner wechselseitige Einschätzungen voneinander. Da sie mit Erwartungen an den anderen in die Konfliktklärung gehen, möglicherweise auch vorurteilsbeladen sind, ist zwangsläufig neben dem inhaltlichen Gesichtspunkt auch die Qualität der Beziehung von besonderer Bedeutung. Im Konflikt sind also immer zwei Ebenen vorhanden:

- die Sachebene, bei der es um Ziele, Mittel, Wege usw. geht,
- die Beziehungsebene, bei der es um die Frage des Ich-Du-Verhältnisses zwischen den Beteiligten geht.

Diese analytische Zweiteilung wird in der Praxis gerne geleugnet. Es ist eine weitverbreitete Vermeidungsstrategie, Beziehungskonflikte als Sachkonflikte hinzustellen. Das entspricht eher den Gegebenheiten des Wirtschaftslebens, da man dann «ganz rational» über sachliche Dinge sprechen kann.

Es gibt allerdings nur selten Fälle, in denen sich der Konflikt überwiegend auf der Inhaltsebene abspielt. Eine konstruktive Konfliktbearbeitung ist deshalb zumeist nur möglich, wenn die Beteiligten fähig und willens sind, den Beziehungsanteil des Konfliktes anzuerkennen und zu klären.

Schauen wir uns die Trennung in Sach- und Beziehungsebene noch etwas genauer an.

1. Beschwerden über sachliche Kritikpunkte sind häufig nur Symbol (Zeichen) für etwas Dahinterliegendes, etwas Verborgenes. Und was verborgen wird, liegt auf der Beziehungsebene. Dabei werden regelmäßig nicht angesprochen: Gefühle, Einstellungen, Werte, Wünsche usw. An die Stelle dieser Emotionen tritt eine Sache als Symbol. Das Symbol wird gewählt, weil eine rationale Konfliktbewältigung und ein offenes Konfliktgespräch nicht geführt werden können. Bei betrieblichen Konflikten muß deshalb stets damit gerechnet werden, daß sie in ihrem äußeren Bild mehr oder weniger symbolbeladen sind, daß Auseinandersetzungen vordergründig auch um solche Symbole (Sachen) geführt werden.

2. Ein überwiegend sachbetonter Konflikt, also ein Konflikt über Ziele, Mittel und Wege zur Zielerreichung, kann nur konstruktiv auf der Sachebene ausgetragen werden. Das wiederum setzt voraus, daß die Beziehungsebene geklärt ist, um die Lösung des Sachkonfliktes nicht durch die emotionalen Störungen zwischen den Beteiligten zu belasten.

Teamleiter und Mitarbeiter oder Team-Mitglieder untereinander haben wechselseitig verschiedene Anforderungen, Erwartungen, Wünsche und Verhaltensweisen, die sich entweder aus Betriebsabläufen und Arbeitsplatzanforderungen ergeben (organisatorisch/fachlich) oder aus den personenbezogenen Gefühlen, Wünschen, Bedürfnissen und den Anforderungen des Teams (persönlich/sozial).

Daraus ergeben sich dann die in Bild 4.13 aufgeführten möglichen Konfliktfelder im Team.

		Team-Mitarbeiter	
	Erwartungen, Anforderungen, Wünsche, Verhaltensweisen	**organistorisch/ fachlich**	**persönlich/ sozial**
Teamleiter	**organisatorisch/ fachlich**	inhaltliche Konflikte	Beziehungskonflikte verursachen inhaltliche Konflikte
	persönlich/ sozial	Beziehungskonflikte verursachen inhaltliche Konflikte	Beziehungskonflikte

Bild 4.13 Mögliche Konfliktfelder im Team

Je nachdem, welcher Bereich von den Konfliktpartnern besetzt wird, sind vier Konfliktarten möglich:

1. Inhaltliche Konflikte

Sie entstehen immer dann, wenn organisatorische oder fachliche Vorstellungen zwischen zwei Parteien auseinanderfallen. Das kann auf unterschiedlichen Hierarchie-Ebenen (Teamleiter zum Mitarbeiter), aber auch auf gleicher Ebene ablaufen (Teamleiter zu Teamleiter). Beispiel: Vorstellungen über Änderungen von Bearbeitungsabläufen stehen im Widerspruch zu Vorstellungen des Mitarbeiters/anderen Teamleiters. Oder: Ein Mitarbeiter macht Verbesserungsvorschläge, die aus organisatorischen Gründen nicht vom Team umgesetzt werden können.

2. Inhaltliche Konflikte verursachen Beziehungskonflikte
Das ist immer dann der Fall, wenn die organisatorischen oder fachlichen Anordnungen die persönlichen oder sozialen Belange eines Mitarbeiters betreffen. Beispiele: Dem Mitarbeiter werden Aufgaben übertragen, die ihn unterfordern (überfordern). Ein Konflikt um Sachmittel eskaliert und gleitet ins «Persönliche» ab.

3. Beziehungskonflikte verursachen inhaltliche Konflikte
Das ist immer dann der Fall, wenn die persönlichen oder sozialen Vorstellungen eines Partners nicht mit den organisatorischen oder fachlichen Gesichtspunkten des anderen übereinstimmen. Beispiele: übersteigerte Autoritätsansprüche an Mitarbeiter, dadurch dauerndes Eingreifen in den Arbeitsablauf und die fachliche Kompetenz durch den Teamleiter; Vorurteile gegenüber der fachlichen Leistung eines Teamkollegen und daher überkritischer Standpunkt hinsichtlich der fachlichen Beurteilung der Arbeitsleistung durch andere Team-Mitglieder; schlechtes Arbeitsklima zwischen zwei Teams verursacht ständige Störungen im Arbeitsablauf.

4. Beziehungskonflikte
Sie treten immer dann ein, wenn die Vorstellungen beider Partner auf der Beziehungsebene unterschiedlich ausfallen. Beispiele dafür: rein persönlich begründete Vorurteile; unverrückbare Vorstellungen über das, was man zu tun hat, was richtig ist; Feindschaften, die aus unterschiedlichen Gründen in der Vergangenheit auch heute noch das Verhalten beeinflussen; das Gefühl, nicht ausreichend anerkannt zu werden.

Konfliktwahrnehmung und Konfliktstrategie

Konflikte sollten sachlich wahrgenommen und eingeschätzt werden. Aufgrund unserer eigenen Subjektivität, des eigenen emotionalen Standpunktes, ist es aber oft schwierig, die Dinge so zu sehen, wie sie sind. Die Konfliktwahrnehmung kann dabei in drei Richtungen verzerrt sein:

- Sie nehmen einen Scheinkonflikt wahr. Das heißt, es besteht kein Anlaß für den Konflikt oder es bestehen falsche Vorstellungen oder Mißverständnisse aufgrund von Ungenauigkeiten im Team.
- Konfliktüberschätzung: Sie entsteht immer dann, wenn ein eigentlich geringfügiger Anlaß aufgebauscht wird.
- Konfliktunterschätzung: Sie entsteht immer dann, wenn man Konfliktsignale unterbewertet, abblockt, nicht wahrhaben will oder ganz verdrängt.

Die Konfliktwahrnehmung ist gut, wenn Konfliktsignale im Team bei anderen und sich selbst frühzeitig genug erkannt werden. Solche Konfliktsignale können z.B. sein: eine auffallend formale Begrüßung; ein gespannter Gesichtsausdruck bei Äußerungen anderer; ungeduldiges Zwischenreden; abfällige Äußerungen; Tendenzen, dem anderen aus dem Weg zu gehen; ein betontes Nicht-zur-Kenntnis-Nehmen unerwünschter Stellungnahmen («Totschweigen»); der Versuch, den anderen nicht ausreichend zu Wort kommen zu lassen («Totreden»); ein Nicht-ernst-Nehmen der Gegenargumente; gezielte Mißverständnisse; zynische oder «witzige» Kommentare; indirekte Schuldzuweisungen an den Konfliktpartner; diffamierende Nachrede hinter dem Rücken des anderen; direkte Schuldzuweisung; Weigerung, Aufgaben zu übernehmen; zunehmende Unpünktlichkeit; Themen werden zerredet; insgesamt aggressiver Kommunikationsstil; Unzuverlässigkeiten nehmen zu usw.

Es ist sehr wichtig, die Symptome eines Konfliktes möglichst frühzeitig zu erkennen, weil gerade in den ersten Stadien des Konflikts ein wirksames Gegensteuern wesentlich leichter ist als zu einem späteren Zeitpunkt.

· Je weiter der Konflikt fortgeschritten ist, desto einseitiger, negativer und verzerrter wird meistens das Bild vom Konfliktpartner.

Nun gibt es zwei wesentliche Konfliktstrategien, nach denen ein Konflikt im Team bearbeitet werden kann [88]. Die 10 typischen Merkmale der beiden Konfliktstrategien mit ihren Wirkungen sind in Bild 4.14 aufgezeigt.

Dauerhaft wird sich ein Konflikt nur mit der Problemlösungsstrategie bearbeiten lassen, denn Kampfstrategien produzieren Gewinner-Verlierer-Situationen mit Langzeitwirkung.

Konfliktanalyse und Konfliktbearbeitung

Jede gelungene Konfliktlösung setzt voraus, daß sich der Konfliktmoderator vorher gründlich mit der Konfliktanatomie auseinandergesetzt hat.

Gehen wir davon aus, daß dem Teamleiter die Konfliktmoderation zukommt, dann sollte er sich anhand der in Bild 4.15 dargestellten Checkliste «Konfliktanalyse» intensiv vorbereiten.

Durch die Konfliktanalyse gut vorbereitet, kann jetzt die konkrete Konfliktbearbeitung im Team erfolgen. Soweit möglich, sind die Ergebnisse im Klärungsprozeß direkt auf Flipchart festzuhalten.

Problemlösungs-Strategie	Kampf-Strategie
Der Konflikt wird als gemeinsames Problem betrachtet.	Einer muß sich im Konflikt durchsetzen. Das möchte ich sein.
Meine Wünsche, Interessen und Ziele lege ich unmißverständlich offen.	Meine Wünsche, Interessen und Ziele werde ich nicht offen zeigen: Entweder schweige ich mich aus oder ich stelle sie verzerrt dar.
Suche nach einer Lösung, die uns beide zufriedenstellt.	Es wird alles darangesetzt, dem anderen meine Position aufzuzwingen.
Ich möchte gemeinsame Ziele verfolgen.	Ich möchte meine eigenen Ziele verfolgen.
Machtunterschiede werden auszugleichen versucht, indem man – hervorhebt, wie wichtig es ist, daß wir zu einer gemeinsamen Lösung kommen, – betont, daß wir beide aufeinander angewiesen sind.	Machtunterschiede werden bewußt herausgestellt, indem man – gleich zu Beginn feststellt, daß es gänzlich unerheblich ist, ob wir zu einer gemeinsamen Lösung kommen, – hervorhebt, daß man vom anderen in keiner Weise abhängig ist.
Zu Beginn werden meine Gefühle, Interessen, Absichten und Positionen offen und unverfälscht dargestellt.	Zu Beginn bleibt der andere im unklaren über meine Gefühle, Interessen, Absichten und Positionen; ich halte mich zurück und «lasse ihn kommen».
Während der andere spricht, versuche ich, mich in ihn hineinzuversetzen.	Sich in die Lage des anderen hineinzuversetzen wird vermieden.
Weder locke ich mit Versprechungen noch verunsichere ich mit Drohungen.	Anfangs lasse ich Versprechungen durchblicken; wenn der andere aber nicht nachgeben will, drohe ich ganz offen und deutlich.
Negative Gefühle sage ich so, daß sie nicht verletzen.	Negative Gefühle werden scharf zum Ausdruck gebracht, auch wenn sie verletzen.
Ich gebe zu verstehen, daß meine Position flexibel ist.	Es wird unmißverständlich klar gemacht, daß ich von meiner Position nicht abrücken kann und werde.
Ich zeige mich kooperativ, um eine kooperative Beziehung herzustellen oder zu stabilisieren.	Ich zeige mich kooperativ, um die Kooperationsbereitschaft des anderen zum Durchsetzen meiner Ziele auszunutzen.

Bild 4.14 Konflikt-Strategien im Team

Checkliste: Konfliktanalyse

1.	Gibt es offene oder verdeckte Konfliktsignale? Seit wann? Wo? Welche?
2.	Um was geht es bei diesem Konflikt?
3.	Wer ist direkt und/oder indirekt am Konflikt beteiligt?
4.	Welche allgemeine Einstellung haben die Konfliktparteien?
5.	Welches sind die Handlungspläne und Ziele der Beteiligten?
6.	Gibt es konfliktverstärkende Verhaltensweisen? Wenn ja, welche?
7.	Wie dringlich ist die Lösung des Konfliktes?
8.	Ist es vorrangig ein sachlicher Konflikt? Wenn ja, warum?
9.	Ist es vorrangig ein Beziehungskonflikt? Wenn ja, warum?
10.	Welche Lösung strebe ich an und welche wird vermutlich die andere Partei anstreben?
11.	Welche generelle Konfliktstrategie wähle ich und welche wird vermutlich die gegnerische Partei wählen?
12.	Welche kurz-, mittel- und langfristigen Folgen hat vermutlich die Wahl meiner Konfliktstrategie?

Bild 4.15 Checkliste zur Konfliktanalyse

Zur Konfliktbearbeitung ist folgender 10-Stufen-Plan gut geeignet:

1. Stufe: Klare und verständliche Beschreibung und Definition des Konfliktes.
2. Stufe: Herausarbeiten der sachlichen und persönlichen Konfliktanteile.
3. Stufe: Sammeln und Austauschen aller noch notwendigen Informationen. Was wurde bisher noch nicht angesprochen?

4. Stufe: Entwicklung von Zielvorstellungen, die für alle Beteiligten klar und verständlich sind.
5. Stufe: Sammlung und Entwicklung möglicher Lösungswege.
6. Stufe: Bewertung der möglichen Lösungswege durch alle Beteiligten.
7. Stufe: Entscheidung über brauchbare Lösungswege treffen und dabei prüfen, ob alle Beteiligten diese Lösungswege auch gehen wollen.
8. Stufe: Vereinbarung darüber treffen, welche konkreten Handlungen jetzt von wem bis wann einzuleiten sind.
9. Stufe: Klären, woran die Einhaltung der Maßnahmen gemessen werden soll und was im Fall der Nichteinhaltung passieren soll.
10. Stufe: Persönliche Konfliktverarbeitung. Gefühlsmäßige und rationale innere Verarbeitung des Konflikts, so daß keine «Restgefühle» den Konflikt wieder auflodern lassen.

Kapitel 5

TEAMARBEIT IN PROJEKTEN – DIE KUNST, BALANCE ZU HALTEN

In diesem Kapitel möchten wir aus Sicht der Teamführung einige essentielle Aspekte von Teamarbeit in Projekten beleuchten. Es geht uns dabei nicht um eine grundlegende Abhandlung über Projektmanagement, sondern um die Beantwortung einiger organisatorischer, planerischer und führungspsychologischer Fragen.

Projekte werden mitunter schnell ins Leben gerufen – aber was dann? Auf Projekte werden Wunschbilder projiziert; sie sind oft Lieblingsspielzeug, Prestigeobjekt oder auch Prügelknabe des Top-Managements. Je sensibler das Projekt, desto heißer der Stuhl, auf dem der Projektleiter sitzt. So wird meist der Person des Projektleiters ganz besondere Aufmerksamkeit zuteil, und der Erfolg eines Projektes entscheidet nicht selten über seine Karrierechancen.

Der Projektleiter hat die Aufgabe, in mehrfacher Weise Balance im Projekt zu halten:

- in betriebswirtschaftlich-planerischer Sicht, indem Ergebnisse, Kosten und Zeit eingehalten werden (magisches Projekt-Dreieck);
- in organisatorischer Sicht, indem zwischen den Beteiligten der Außen- und Innenorganisation (Linie vs. Projekt) das Klima stimmt und die Zusammenarbeit und Projektunterstützung funktioniert;
- in führungspsychologischer Sicht, indem die Arbeit im Pro-

jekt selbst koordiniert, methodisch fundiert und motivierend abläuft.

Was zur Aufrechterhaltung dieser Balance zu leisten ist, wird nun zu diskutieren sein.

Wunsch und Wirklichkeit der Projektarbeit

Die meisten enthusiastischen oder pessimistischen Berichte über Teamarbeit beziehen sich auf Projektteams. Projekte werden meist dann ins Leben gerufen, wenn es um Spezialaufgaben oder größere Vorhaben geht. Fast immer sind daran Mitarbeiter aus verschiedenen Bereichen/Abteilungen des Unternehmens beteiligt, die dann unter Führung eines Teamleiters in einer interdisziplinären Teamorganisation zeitlich befristet zusammenarbeiten (vgl. Kapitel 1).

In der Praxis beobachten wir ein enormes Ansteigen der Projektarbeit. Die Ursachen dafür liegen ganz einfach darin, daß wir kaum noch Aufgaben ohne Vernetzungspunkte haben und man sich deshalb die zeitraubenden und kostenintensiven bereichsübergreifenden Spielchen und Machtdemonstrationen nicht mehr leisten kann.

So wird dann öfter mal aus der Not eine Tugend gemacht, und in teilweise erschreckender Naivität werden Projektteams vom Management zusammengestellt oder zusammenbefohlen, die sich einer «Sache» annehmen sollen.

Und tatsächlich glaubt man, daß Teamwork befohlen werden kann, weil da ja nur ein paar erwachsene Menschen eine Sachaufgabe zu lösen haben. Ausgehend von völlig falschen Prämissen [89] über Teamarbeit, finden wir häufig vier Verhaltensweisen vor:

- Man nennt eine zusammengewürfelte Gruppe ein Team, aber behandelt jedes Mitglied weiter als Einzelperson. Nichts hemmt die Entwicklung von Teamverantwortlichkeit effektiver.
- Man bleibt unklar in der Zuweisung von Autorität über das Team und innerhalb des Teams.
- Man überschätzt die Selbstorganisationsfähigkeit des Teams und verzichtet darauf, klare Grenzen für Aufgaben, Ressourcen und die zur Verfügung stehende Zeit anzugeben.
- Man gibt dem Team eine klare Aufgabe, verzichtet aber darauf, für die notwendige organisatorische Unterstützung zu sorgen (vgl. Bilder 1.2 und 1.3).

Wir können also feststellen, daß zwischen Wunsch und Wirklichkeit der Projektarbeit eine erhebliche Lücke klafft. Die Projektrealität ist eher unbefriedigend [90], denn:

- Zu 80% liegen die Ursachen für Projektmißerfolge und Projektstörungen in den Bereichen «Politik» und «menschliche Faktoren».
- Effektive Projektmanagement-Methoden werden nur bei jedem dritten Projekt eingesetzt.
- Kosten- und Terminüberschreitungen sind an der Tagesordnung.

Wer ernsthaft Projektarbeit will, der muß sich von vornherein darüber im klaren sein, daß Projekte wegen ihrer Komplexität und Neuheit oft für Unruhe sorgen; wegen des interdisziplinären Charakters zeitweilig organisatorische Änderungen bedingen, die auch die Machtverteilung im Unternehmen betrifft und sie nur schlecht in die traditionelle Stab-Linien-Organisation einzubinden sind.

Projektarbeit ist per se Teamarbeit, und bei allen Beteiligten müssen sich die Betrachtungsweisen, Einstellungen und Verhaltensweisen nachhaltig verändern, soll das Chancenpotential der Projektarbeit genutzt werden. Projekte sind instabile sozio-ökonomische Systeme auf Zeit.

Die im Unternehmen vorhandenen Einstellungen, Vorurteile und Motive prägen deshalb die Projektrealität in mindestens gleichem Maße wie eine gelungene oder mißlungene Projektorganisation und mangelndes oder zufriedenstellendes Handling des methodischen Instrumentariums.

Die Angst vor Kontrollverlust, die Befürchtung, nicht mehr alles im Griff zu haben, das ist der Nährboden, auf dem die Legitimation zum Besserwissen und rigiden Hineinregieren in Teams gedeiht.

Und die Lösung?

❞ *Man muß es ertragen, die einfache Lösung nicht in der Tasche zu haben [91].* ❝

Lernen ohne Fehler ist unmöglich. Laufen, ohne hinzufallen, hat vermutlich keiner von uns geschafft.

Traditionelles Projektmanagement betont die rationale Komponente der Projektarbeit sehr stark (Netzplantechnik, Ablaufdiagramme usw.) und vernachlässigt dabei die machtpolitischen und gruppendynamischen Aspekte. Das «hat dazu geführt, daß Projekte eher als 'Problemlösungs-Maschinen' denn als lernende sozio-technische Systeme angesehen werden [92].»

Projektarbeit funktioniert nicht auf Knopfdruck. Und nach machtpolitischem Kalkül zusammengesetzte Projektteams ergehen sich schon in der konstituierenden Projektsitzung in erprobten Blockadetechniken.

Das Arbeiten in Projektteams wirkt für viele hierarchiegewohnte Mitarbeiter verunsichernd.

»Sicherheit gibt es zunächst überhaupt keine. Die Aufgabe ist gestellt; wie man sie aber anpackt, der Weg ihrer Bearbeitung und was herauskommen wird – dies alles ist völlig offen [93].«

So ist denn Teamarbeit – richtig gestaltet – immer auch die Chance, über die Begrenzungen bisheriger Erfahrung hinauszuwachsen in ein neues Spektrum sozialen und methodischen Lernens.

Was hierfür an organisatorischer, methodischer und sozialpsychologisch-gruppendynamischer (Vor-)Arbeit zu leisten ist, wird jetzt zu klären sein.

Der Projektstart – Mehr als die Hälfte des Erfolges?

Immer wieder hören wir von Mitgliedern aus Projektteams, daß bereits in der Startphase äußerst ungeschickt vorgegangen wurde. Insbesondere geht die Kritik an den Projektleiter, dem gerade in dieser Orientierungsphase mangelndes Einfühlungsvermögen attestiert wird. Dies hat sehr oft prägende Langzeitwirkung auf Engagement, Motivation und Konfliktfreudigkeit der Team-Mitglieder.

Worin besteht nun der Kardinalfehler? Meist ist es so, daß sich alle kopfüber auf die zu bewältigende Sachaufgabe stürzen. Aktionismus gewinnt die Oberhand. Aufgaben werden verteilt, Pläne und Zeitschienen festgelegt usw.

Und das alles ist leiterzentriert. Gewohnte soziale Orientierungsmuster aus der Linienorganisation werden kopiert, Sicherheitsbedürfnisse des Teams auf den Teamleiter übertragen – wozu hat man ihn schließlich. Manche Teamleiter berichten dann auch ganz stolz von der ersten Teamsitzung: «Alles glatt gegangen, kein Widerstand, keine Fragen.» Na, hoffentlich geht das gut!

Von besser funktionierenden Projektteams wird die Startphase als gemeinsam erlebter Prozeß der Situationskonstruktion beschrieben, in dem gleichgewichtig Fragen zur sachlich-fachlichen Projektarbeit wie zur Selbstfindung des Teams bearbeitet wurden.

Auch wenn es paradox klingen mag, es scheint wie folgt zu sein: Starte ein Team langsam, damit du Zeit sparst! Da schwingt dann so etwas mit wie die «geplante Entdeckung der Langsamkeit», um schneller voranzukommen.

Projektteams sind immer sich selbst organisierende Systeme. Ein hohes Maß an Fremdsteuerung durch den Projektleiter oder das Ausblenden klärungsbedürftiger Aspekte führt früher oder später zum Crash! Insofern ist der Teamleiter immer Entwicklungshelfer des Systems «Team» und gleichzeitig Mitkonstrukteur seiner sozialen Realität.

Die Startphase des Projektteams ist also enorm wichtig. Gelingt sie, so hat man in der Tat das sprichwörtlich «gute Startkapital». Das darf nun keineswegs als Erfolgsgarant für die weitere Teamarbeit mißverstanden werden, denn wir wissen ja, daß Teams sozio-ökonomische Systeme mit Eigendynamik sind.

Jetzt stellt sich natürlich die Frage, was konkret zu tun ist, um den Teamstart zum Erfolgserlebnis zu machen. Es ist Aufgabe des Projektleiters, eine Klärung in zweifacher Weise herbeizuführen.

Zum einen muß zwischen ihm und dem Auftraggeber des Projektes ein möglichst «wasserdichter» Projektauftrag ausgehandelt werden; zum zweiten geht es um den Start im Team selbst, der – einer bestimmten Dramaturgie folgend – zu initiieren ist.

Die typische Ausgangssituation eines Projektes ist dadurch gekennzeichnet, daß ein qualitativ hochwertiges Produkt zu niedrigen Kosten möglichst schnell bereitgestellt werden soll. Dieses in Bild 5.1 dargestellte «magische Dreieck» eines Projektes stellt das sachliche Operationsfeld des Projektleiters dar.

In der Ausgangssituation sind diese drei Elemente sehr oft noch diffus, was sich dann im Verlauf des Projektes anhand folgender Merkmale zeigt:

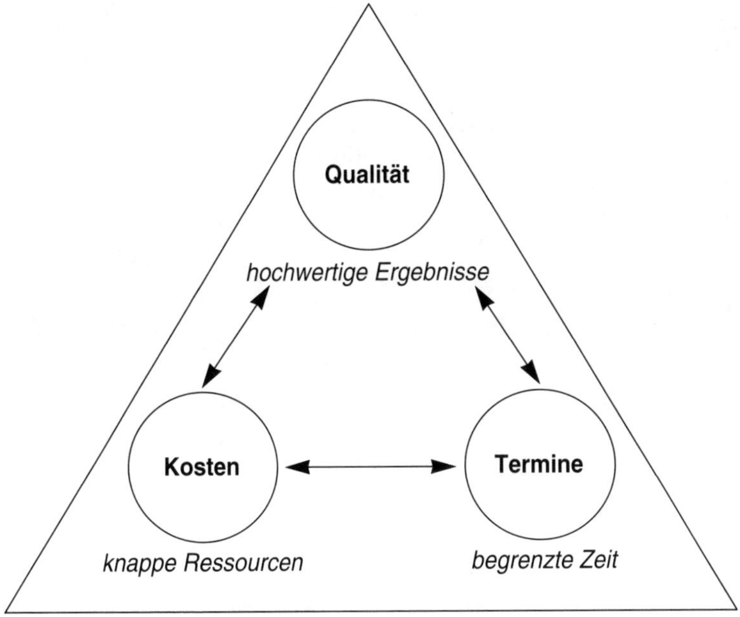

Bild 5.1 Das «magische Dreieck» eines Projektes

1. Qualität

- □ Die Anforderungen an das Produkt sind nicht eindeutig definiert.
- □ Ergebnisse werden nicht akzeptiert, weil Prüfmaßstäbe nicht sauber geklärt sind.
- □ Das Produkttesting ist nicht ausreichend sichergestellt.

2. Termine

- □ Es fehlen klare Entscheidungen zu bestimmten Projektterminen (z.B. ob Abbruch, Weitermachen, Auswertung des Testing usw.).
- □ Endtermine können nicht eingehalten werden.
- □ Es fehlt an klarer Prioritätensetzung.

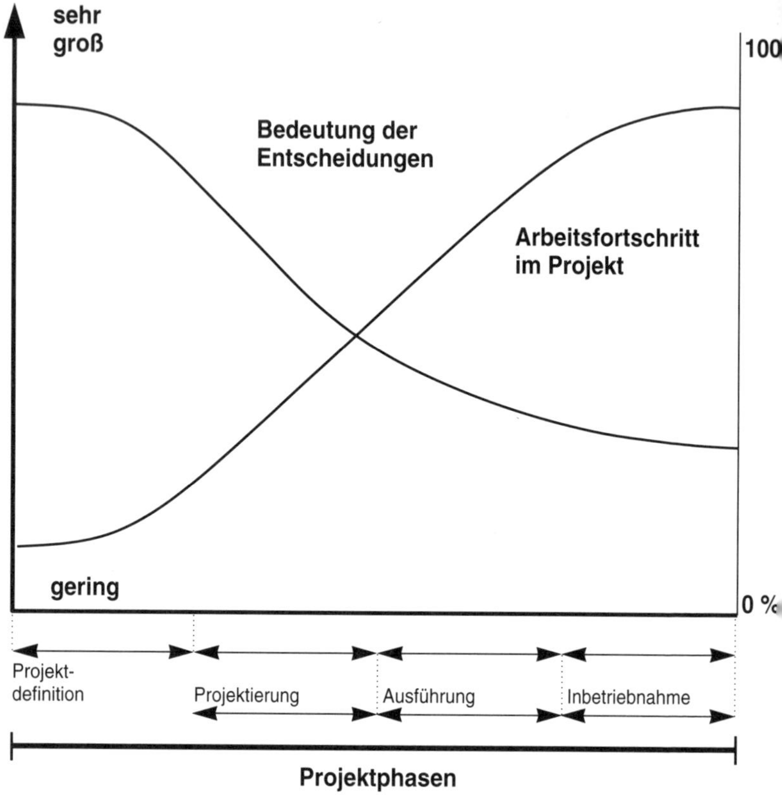

Bild 5.2 Zusammenhang von Projektentscheidungen und Arbeitsfortschritt im Projekt

3. Kosten

- □ Das Budget wird überschritten, weil die Projektkostenschätzung zu grob war.
- □ Es werden laufend neue Anforderungen «nachgeschoben».
- □ Die Ressourcen (Geld, Manpower usw.) sind nicht so verfügbar, wie dies erforderlich wäre.

Wie Bild 5.2 zeigt, kommt nun gerade der Phase «Projektdefinition» hohe Bedeutung zu, weil hier der Bearbeitungsstand des Projektes gering ist – was niedrige Kosten bedeutet –, hingegen die Bedeutung der Entscheidungen sehr hoch ist. Also im Klartext: Was beim Start vermurkst wird, kostet später richtig Geld!

Greift das Management bei fortgeschrittenem Projektstand mit wichtigen Entscheidungen ständig ein, kann der Projektleiter niemals erfolgreich das magische Dreieck managen.

Gerade in der Projektdefinitionsphase ist gute Vordenkarbeit gefragt. Betritt man mit dem Projekt völliges Neuland, ist in enger Rückkopplung zwischen Auftraggeber und Projektleiter ein sukzessives Klären notwendig. Für den Projektleiter beginnt das Projekt also keineswegs mit der Projektsteuerung, wie fälschlicherweise immer noch gedacht wird, sondern in der Mitbeteiligung an der Projektdefinition.

Der Projektleiter hat einen gut geklärten Projektauftrag, wenn er die in der Checkliste (Bild 5.3) dargestellten Fragen zu den beschriebenen Projektfacetten beantworten kann. Und in einem gut organisierten Projektmanagement ist dieser Auftrag formalisiert. Ein Praxisbeispiel dazu finden Sie in Bild 5.4.

Nun zum zweiten Aspekt der Klärungsarbeit des Projektleiters, der Initiierung des eigentlichen Teamstarts. Hierfür sollte die erste Teamsitzung verwendet werden. Überzogene Ergebniserwartungen führen immer wieder zum Durchpeitschen des Teams auf ein griffiges Sachergebnis bereits am Ende der ersten Sitzung.

Gefragt ist hingegen ein begleitendes Steuern des Teams, das gleichberechtigt sachliche und gruppendynamische Aspekte der konkreten Projektteamarbeit herausarbeitet und angemessen klärt. Dazu hat sich die Checkliste «Teamfragen zum Start» (Bild 5.5) in der Praxis bestens bewährt.

Checkliste: «Projektauftrag»

1. Auftraggeber	**WOHER kommt der Auftrag?** (namentlicher Auftraggeber, Kostenstelle usw.)
2. Aufgabenstellung und Ziele	**WAS ist zu tun?** (Ziele, Ergebniserwartungen, Prioritäten, Risiken, Restriktionen)
3. Beteiligte Personen	**WER ist beteiligt?** (Verfügbarkeit, Teamzusammensetzung, sonstige Personen)
4. Ausstattung	**WAS wird benötigt?** (Ausstattung und Verfügbarkeit von Räumen und Sachmitteln)
5. Methoden	**WIE ist vorzugehen?** (Vorgehensmodell, Hilfsmittel, Techniken, Werkzeuge)
6. Dokumentenbasis	**WORAUF kann man aufbauen?** (Vorhandene Ergebnisdokumente, Pläne, Infosysteme)
7. Budgets	**WAS kostet das Projekt?** (internes Personal in MT/MW/MM, externes Personal/Berater, Sachmittel in TDM)
4. Termine	**WANN ist das Projekt durchzuführen?** (Beginn, dazwischenliegende Statustermine/Meilensteine, Ende)

↓

geklärter Projektauftrag

Bild 5.3 Checkliste «Projektauftrag»

Projektauftrag-Nr.:

Bezeichnung:	
Problemstellung/ Ausgangssituation:	
Ursachen:	
Projektziel:	
Projektrisiken:	
Maßnahmen:	

Auftraggeber:		Projekt- Mitarbeiter:	
Projektleiter:			
Projektcontroller:			

Dokumentenbasis:	

Budgets:	Personal intern:	MT	TDM
	Personal extern:	MT	TDM
	Sachmittel		TDM
	GESAMT:	**MT**	**TDM**
Termine:		**START**	**ENDE**

Teilziele:	

Vergabe Projektauftrag: Auftraggeber:	Annahme Projektauftrag: Projektleiter:
Datum, Unterschrift	Datum, Unterschrift

Bild 5.4 Muster eines Projektauftrages

Team-Fragen zum Start

1. Auftrag/Ziel

- Was ist unser Auftrag?
- Wie ist das Ziel und unser Auftrag zu definieren?
- Wie realistisch sind unsere Ziele?
- Wie genau wissen wir, wann wir fertig sind?
- Woran messen wir das?

2. Organisation

- Wie sollen bzw. dürfen wir uns organisieren?
- Welche Rahmenbedingungen sind zu beachten?
- Welches wäre die geeignete Organisationsform?

3. Verantwortung

- Wem gegenüber besteht Verantwortlichkeit?
- Wer hat für was die Verantwortung im Team?
- Welche Rolle hat der Teamleiter nach innen und außen?

4. Feedback

- Wieviel Feedback brauchen wir?
- Woher bekommen wir Ergebnis-Feedback?
- Wer übernimmt das Controlling?

5. Kommunikation

- Wie gestalten wir den Info-Fluß richtig?
- Wie regeln wir unsere Zusammenarbeit?
- Nach welchen Spielregeln gestalten wir unsere Teamsitzungen?

6. Schnittstellen

- Wie passen wir zu anderen, bereits bestehenden Teams?
- Welche Kunden-Lieferanten-Beziehungen gibt es und wie gehen wir damit um?

7. Probleme, Konflikte, Beziehungen

- Wie sind die Beziehungen der Team-Mitglieder untereinander?
- Was wollen wir tun, wenn es Reibereien, Fehler, Versäumnisse, Pannen, Rivalität usw. gibt?
- Wie lösen wir unsere internen Probleme und Konflikte konstruktiv?

8. Nutzen

- Welchen persönlichen Nutzen hat jeder, wenn er im Team mitmacht?
- Welchen Nutzen hat das Team?

Bild 5.5 Checkliste «Team-Fragen zum Start»

Die Projektorganisation im Unternehmen

Zur Thematik «Projektorganisation» sind zwei wesentliche Aspekte zu betrachten. Da ist zunächst die Frage, wo und wie das Lebewesen «Projekt» im Organismus des Gesamtunternehmens seinen Platz findet. Des weiteren ist dann zu klären, welche Projekt-Struktur-Organisation für eine erfolgreiche Projektarbeit zu schaffen ist. Letztere Frage werden wir am Beispiel eines großen Markenartikel-Unternehmens darstellen.

Organisationsmodelle für Projektarbeit

In kaum einem Gebiet der Organisationsforschung hat es in den letzten Jahren eine so interessante und lebendige Diskussion über Organisationsformen gegeben wie zum Thema «Projektorganisation».

Hauptgegenstand der Diskussion ist dabei zumeist die Integration des Spezialfalles «Projekt» in eine bestehende, funktionale Organisationsstruktur. Dabei haben sich im wesentlichen die in Bild 5.6 aufgezeigten drei Organisationsmodelle für Projektarbeit herausgebildet:

Die Stabsorganisation
In dieser Organisationsform hat der Projektstab lediglich Beratungsfunktion. Die Linienvorgesetzten führen die Projektmitarbeiter sowohl fachlich wie disziplinarisch. Diese Stabsorganisation entspricht sicherlich nicht mehr dem modernen Verständnis von Projektmanagement.

Die Matrixorganisation
Sie stellt heute den Normalfall der Projektorganisation dar. Das Matrix-Projektmanagement ist durch die Teilung der Weisungsbefugnisse gekennzeichnet. Dem Projektmanagement ob-

liegt die fachliche, dem Linienmanagement die disziplinarische Führung der Projektmitarbeiter.

Diese Organisationsform erfordert eine erhöhte Kooperationsbereitschaft aller beteiligten Mitarbeiter. Anlässe für Konflikte zwischen Fach- und Projektbereichen liegen in den Projektprioritäten. Solche Konflikte sind u.U. nur unter Einbeziehung übergeordneter Managementebenen zu lösen.

Autonome Projektbereichs-/Projektteam-Organisation
Bei dieser Organisationsform sind Weisungsbefugnis und Verantwortung für ein Projekt voll und ganz in der Hand des jeweils zuständigen Projektleiters. Ihm obliegt die fachliche und disziplinarische Führung der Projektmitarbeiter. Diese Organisationsform gewinnt zunehmend an Bedeutung.

Was nun die speziell bei der Matrixorganisation thematisierten Konflikte anbelangt, stellt LOMNITZ [94] fest, daß Linienorganisation und Projektorganisation strukturell widersprüchlich und damit in sich nicht lösbar sind. Auch in einer rein autonomen Projektteam-Organisation bleibt dieses Spannungsfeld erhalten,

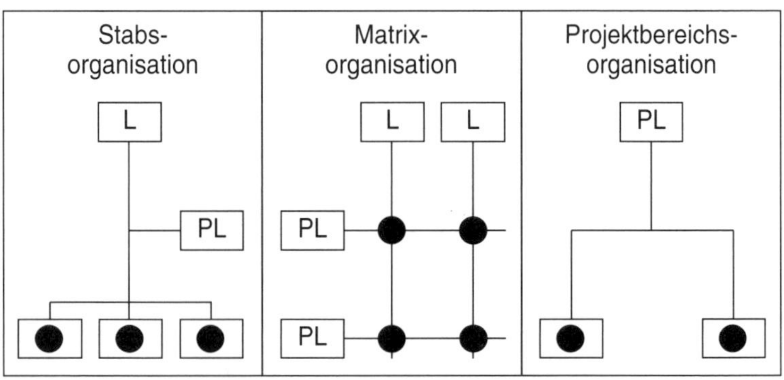

L = Linienmanagement PL = Projektleiter ● = Projektmitarbeiter

Bild 5.6 Projektorganisationsformen

weil es immer um Ressourcen-Entscheidung pro Projekt contra Linie und umgekehrt geht.

Wir benötigen vielmehr eine andere Einstellung zur Projektarbeit, in der Projekte nicht als Exoten, sondern als zunehmend normaler Bestandteil des Organisationsalltags gesehen werden.

Die innere und äußere Projektorganisation

In vielen Unternehmen wird nach dem Grundsatz verfahren: Ist das Problem auch noch so klein, es muß in ein Projekt hinein. Folge einer solchen Einstellung ist die «galoppierende Projektinflation». Zum sowieso schon vollgepackten Linienjob werden Mitarbeiter und Führungskräfte in Projekte «abkommandiert». Bei dieser Praxis kann man zusehen, wie Projekte sprichwörtlich «absaufen» oder aber im Stadium «D» (dümpeln) verharren.

Wir haben in einem Unternehmen einmal eine Projektzählung veranlaßt, bei der dann stolze 158 Projekte ans Tageslicht kamen. Daraufhin entschloß sich der Vorstand sofort zur Einführung einer Initialisierungsprozedur im Rahmen einer geordneten Projektorganisation.

So sind erfahrene Projektfachleute der Ansicht, daß die Bedeutung einer straffen Projektorganisation gar nicht hoch genug bewertet werden kann, denn «viele Projekte scheitern nicht etwa an mangelnder fachlicher Kompetenz der am Projekt beteiligten Mitarbeiter, sondern an dem organisatorischen Durcheinander [95].»

Wie nun die äußere und innere Projektorganisation aussieht, entnehmen Sie bitte Bild 5.7.

» *Projektmanagement bringt kaum Vorteile, wenn sein Verhältnis zur Hierarchie nicht geklärt ist, immer wieder umdefiniert wird, so daß es sich ständig darin aufreibt oder zu viel Energie gebunden wird [96].* «

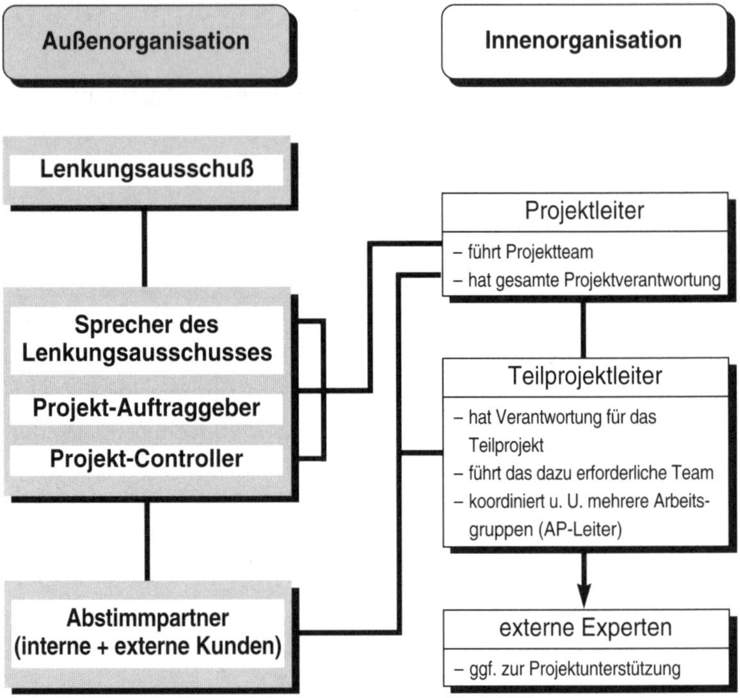

Bild 5.7 Außen- und Innenorganisation eines Projektes

Damit Projektleiter, Teilprojektleiter und Projektteam den Rücken für die eigentliche Projektarbeit frei haben, sind die Aufgaben und Zuständigkeiten in der Projektorganisation schriftlich festzulegen und in einem Projektmanagement-Handbuch zu hinterlegen.

Wie das dann in der Praxis ausschaut, möchten wir jetzt am Beispiel eines Unternehmens aufzeigen, in dem intensiv Projektarbeit betrieben wird.

Der Lenkungsausschuß

□ beschließt Projekte
  - abgeleitet aus dem Zielkatalog «Unternehmensziele» des jeweils aktuellen Geschäftsjahres,
  - bei Bedarf;

□ benennt Auftraggeber (für die von ihm beschlossenen Projekte),

□ setzt Prioritäten (für alle Projekte unter Berücksichtigung der Prioritäten aus dem Tagesgeschäft) bezüglich Terminierung, Bereitstellung interner Ressourcen und Budgetierung,

□ ist Entscheidungsgremium für alle Fragen, die nicht auf Auftraggeber-Ebene entschieden werden.

Der Sprecher des Lenkungsausschusses

□ koordiniert die Lenkungsausschußsitzungen,

□ ist Ansprechpartner für die Projektleiter zwischen den Lenkungsausschußsitzungen,

□ beschafft Informationen über den Gesamtumfang der Projekte:
  - führt einen Nachweis über alle aktuellen Projekte,
  - vergibt Projektnummern für neue Projekte,
  - überwacht die Gesamt-Budgetentwicklung der Projekte.

Der Projekt-Auftraggeber

□ benennt einen Projektleiter (für den von ihm vergebenen Projektauftrag gemäß verabschiedeten Richtlinien),

□ benennt einen Projektcontroller (ggf. in Personaleinheit mit Projektleiter),

□ veranlaßt über die Personalabteilung die Ausbildung von noch zu schulenden Projektleitern,

□ vergibt «geklärten Projektauftrag».

Der Projektleiter

- □ erstellt einen Projekt-Strukturplan,
- □ erstellt einen Projektplan mit Aktivitäten, Terminen/Meilensteinen und benötigten Ressourcen,
- □ benennt Teilprojektleiter bzw. stellt ein Projektteam gemäß verabschiedeten Richtlinien zusammen,
- □ veranlaßt über die Personalabteilung die Ausbildung von noch zu schulenden Teilprojektleitern und/oder Team-Mitgliedern,
- □ vergibt Teilprojektaufträge und/oder Arbeitsaufträge,
- □ ist für die Durchführung des Projektes gemäß Projektauftrag verantwortlich.

Der Projektcontroller

- □ überwacht systematisch den Projektverlauf in allen Phasen und interveniert bei Abweichungen rechtzeitig beim Projektleiter,
- □ erhält Pläne, Planfortschreibungen und Planabweichungen zu festgelegten Projektschritten und/oder Meilensteinen vom Projektleiter,
- □ holt Projekt-Checks vom Projektleiter.

Der Teilprojektleiter

- □ erstellt einen Teilprojektplan mit Aktivitäten, Terminen/Meilensteinen und benötigten Ressourcen,
- □ stellt ein Projektteam gemäß verabschiedeten Richtlinien zusammen,
- □ veranlaßt über die Personalabteilung die Ausbildung von noch zu schulenden Team-Mitgliedern,
- □ vergibt Arbeitsaufträge,
- □ ist für die Durchführung des Teilprojektes gemäß Teilprojektauftrag verantwortlich.

Die Team-Mitglieder

- □ führen vereinbarte Arbeitsaufträge durch.

Da es in einer Matrix-Organisation immer mal wieder Konflikte um personelle Ressourcen gibt, wenn der Projektleiter einen Linienmitarbeiter in sein Team holen will, ist es sinnvoll, auch hierüber eine Verfahrensanweisung schriftlich zu fixieren, was dann z.B. die in Bild 5.8 dargestellte Form annehmen kann.

Die Ausführungen zur Projektorganisation haben deutlich gemacht, daß es im Projektmanagement für den Projektleiter sozusagen eine «Innen- und Außenpolitik» gibt.

In der «Außenpolitik» obliegt ihm die Klärung aller relevanten Projektfragen mit dem Linienmanagement. Die «Innenpolitik» des Projektes betrifft die Koordination verschiedener Teilprojekt-Teams. Je nach Tiefe der inneren Projektorganisation ergibt sich dann eine, analog Bild 5.9 folgende, Projektteam-Führungsorganisation.

Welche äußere und innere Organisationsform letztendlich gewählt wird, hängt von der Intensität der Projektarbeit im Unternehmen selbst und natürlich vom Umfang des jeweiligen Projektes ab.

Für den Projektleiter ist das Schaffen einer funktionierenden Binnenstruktur im Projekt ein nicht zu unterschätzender Erfolgsfaktor. In diesem Punkt wird von ihm hohe strategisch-organisatorische Kompetenz gefordert.

Die wichtigsten Instrumente der Projektplanung

An dieser Stelle möchten wir auf zwei Instrumente der Projektarbeit eingehen, für deren Erstellung der Projektleiter verantwortlich ist: der Projektstrukturplan und der Meilensteinplan. Wer sich darüber hinausgehend über spezielle Pro-

Richtlinien zur Benennung von Projektmitarbeiter(inne)n

1. Der Lenkungsausschuß

- beschließt Projekte
- benennt Projekt-Auftraggeber
- entscheidet in letzter Instanz über die Besetzung aller Projekt-Positionen

2. Der Auftraggeber

- vergibt Projektauftrag
- benennt Projektleiter mit dessen Einverständnis

3. Der Projektleiter

- sucht je nach Größe des Projektes aus
  - Teilprojektleiter
  - Team-Mitglieder
- holt Einverständnis der gewünschten Teilprojektleiter und Team-Mitglieder ein

4. Die gewünschten Teilprojektleiter/Team-Mitglieder

- klären mit ihren disziplinarischen Vorgesetzten die Mitarbeit im Projekt
  - wenn disziplinarischer Vorgesetzter einverstanden ist, alles o.k.
  - wenn disziplinarischer Vorgesetzter nicht einverstanden ist, besteht Veto-Recht gegenüber Projektleiter

5. Der disziplinarische Vorgesetzte

- versucht, sich mit dem Projektleiter über die Besetzung der vakanten Position zu einigen, indem er
  - Ersatz aus seinem eigenen Verantwortungsbereich anbietet
  - ggf. auf nach seiner Meinung geeignete Mitarbeiter aus anderen Bereichen hinweist
- wenn zwischen disziplinarischem Vorgesetzten und Projektleiter Einigung erzielt wird, ist alles o.k.
- wird keine Einigung erzielt, muß der Lenkungsausschuß entscheiden

6. Der Projektleiter

- hat das Recht, das Projekt zurückzugeben, wenn er die Projektzielsetzung durch qualitativ und/oder quantitativ nicht ausreichende Verfügbarkeit der notwendigen Ressourcen gefährdet sieht

Bild 5.8 Praxisbeispiel einer Rekrutierungsrichtlinie für Projektmitglieder

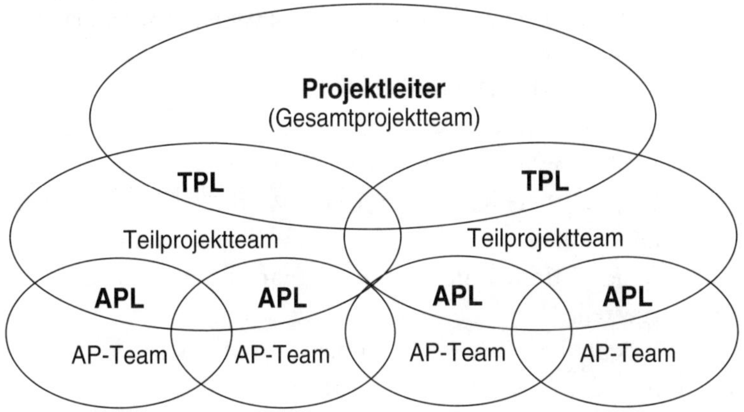

Bild 5.9 Projektteam-Führungsorganisation

jektplanungsinstrumente informieren möchte, sei auf die angegebene Literatur verwiesen [97, 98].

Der Projektstrukturplan (PSP)

Die wichtigste Aufgabe des PSP ist die Schaffung von Transparenz für das Gesamtobjekt. Mit dem Projektstrukturplan wird die gesamte Projektaufgabe in sinnvoll bearbeitbare Teilaufgaben zerlegt.

Je nach Größe des Projektes erfolgt die stufenweise Zerlegung der Projektaufgabe auf der ersten, zweiten, ..., n-ten Ebene. Wichtig ist dabei, daß diese Teilaufgaben einander hierarchisch zugeordnet sind, so daß keine Doppel- und Falschzuordnungen entstehen oder etwas vergessen wird.

Der PSP ermöglicht die klare Zuordnung von Verantwortlichkeiten zu den jeweiligen Projektelementen. Die einzelnen Entwicklungsstufen des PSP werden dann in «Arbeitspaketen» in ihrer Feinstruktur weiter definiert. Diese Arbeitspakete (AP) sind wichtige Einheiten, weil in ihnen isolierte Einzelaufträge an

AP-Gruppen im Unternehmen oder externe Zulieferer beschrieben werden. Im engeren Sinn gehören sie aber nicht mehr zum PSP, wie Bild 5.10 zeigt.

Mit dem PSP werden so gleichzeitig die Arbeitsteilung und die Gesamtkomplexität des Projektes auf einen Blick deutlich. Für alle Projektbeteiligten hat er eine wichtige Orientierungsfunktion und dient zur Ablaufkontrolle. Wie das dann im Original aussieht, finden Sie in Bild 5.11 am Praxisbeispiel eines PSP dargestellt.

Wir möchten an dieser Stelle noch einmal ausdrücklich darauf hinweisen, daß – egal wie groß das Projekt ist – der PSP Pflichtbestandteil in der Projektarbeit ist.

Im Projektteam erstellt, wird alleine schon durch diesen Herstellungsprozeß eine wichtige Klärung von Aufgabenumfang, Zuständigkeiten, vernetzter Abhängigkeit usw. geleistet. Der PSP sollte jedem Team-Mitglied entweder ausgehändigt oder ansonsten öffentlich zugänglich sein, z.B. durch Aushang oder Zugriff im Projektordner.

Der Projektleiter hat dafür zu sorgen, daß der PSP erstellt wird und ggf. weitere Detaillierungen durch die Teilprojektleiter erfolgen. Im übrigen ist der PSP nicht ein für allemal in Form gegossen, sondern relativ flexibel gegenüber Änderungen, was bedeutet, daß er aktuell zu halten ist.

Die Meilensteinplanung

Im magischen Dreieck des Projektes ist die Zeitkomponente oft das kritischste Element. Fehler in der Zeitkalkulation wirken immer kostenbeeinflussend. Insofern ist es wichtig, zu Beginn des Projektes neben der terminlichen Ablaufplanung auch eine möglichst präzise Meilensteinplanung zu machen.

Meilensteine sind die Schnittstellen im Projekt, sie sind «Schlüsselereignisse» im Projektverlauf. Alle Projektmitarbeiter müssen deshalb wissen, was «ihre» Meilensteine sind, damit sie

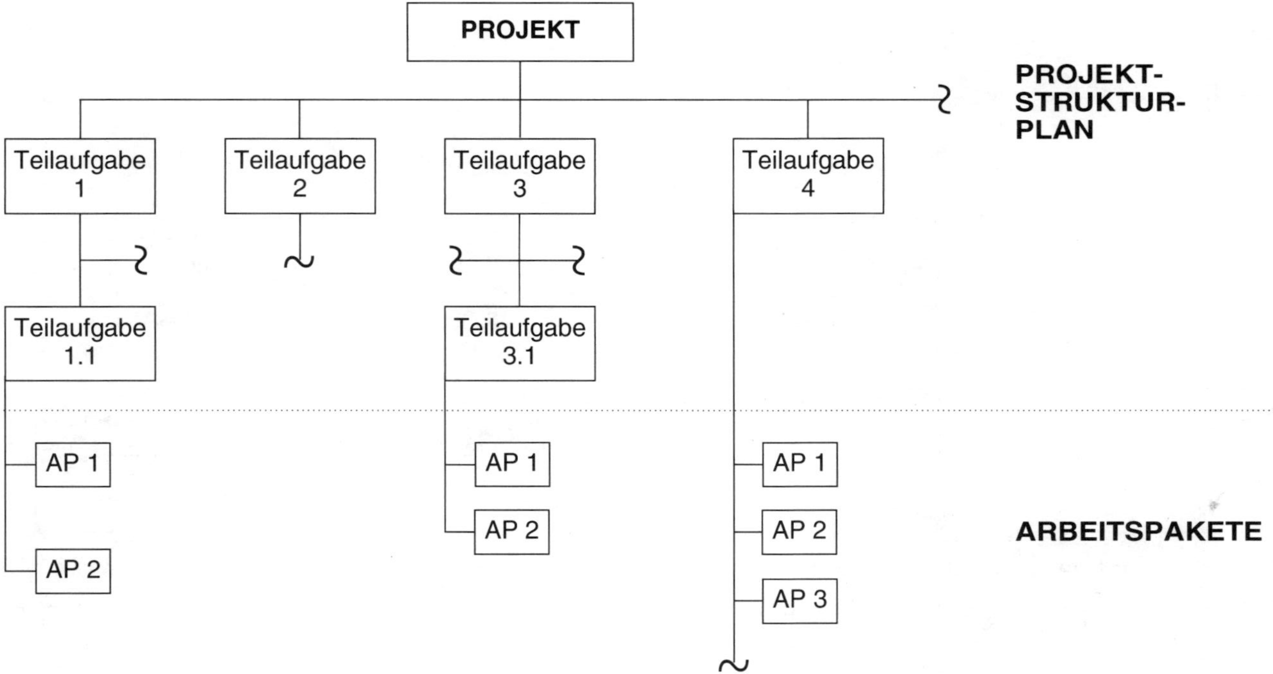

Bild 5.10 PSP mit Arbeitspaketen

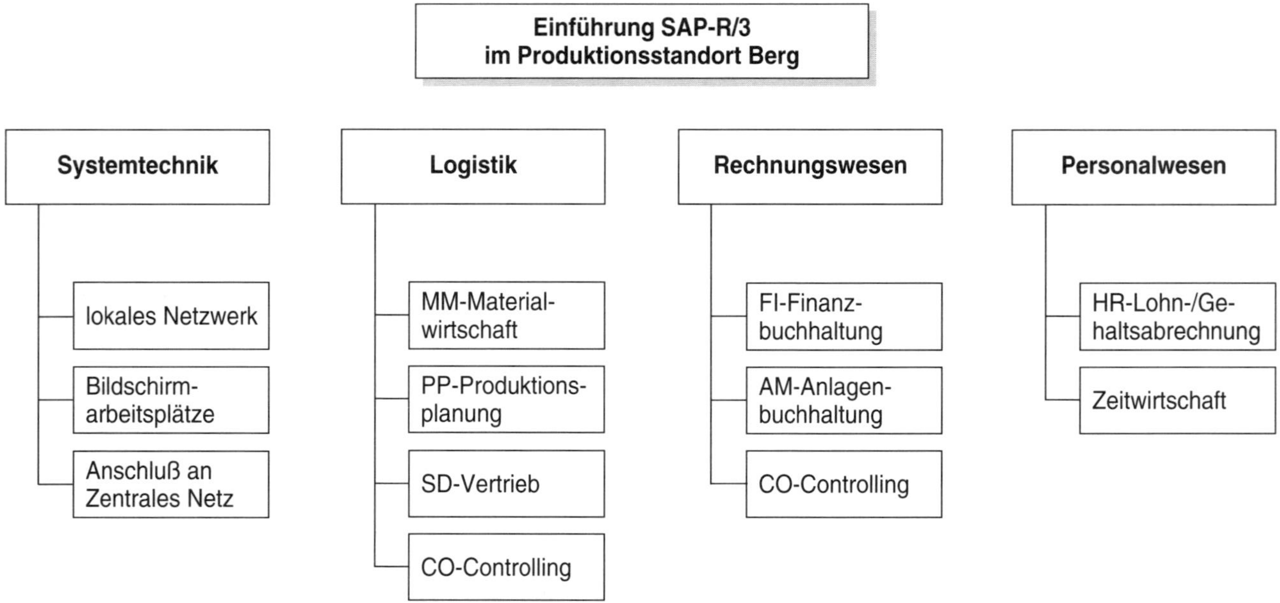

Bild 5.11 Praxisbeispiel eines PSP

sich in ihrer Arbeit entsprechend termintreu verhalten können.

Unabhängig von der Größe eines Projektes gibt es immer Meilensteine. Wir empfehlen dringend, daß sich das Projektteam hinreichend Klarheit über die projektspezifischen Meilensteine verschafft. Zur Klärung der Frage, was denn eigentlich ein Meilenstein ist, gibt es keinen fix und fertigen Katalog.

Für die Meilensteindefinition sind aber folgende Kriterien hilfreich [99]:

- Start- und Abschlußereignisse (Freigaben und Endprodukte),
- Test- und Liefererereignisse (Test abgeschlossen u./o. Produkt abgeliefert),
- Planungsnahtstellen (bedeutsame Planungsverknüpfungen zu anderen Plänen),
- Projektüberprüfungen (Anforderungs-, Entwurfs- und Abnahmeüberprüfungen).

Bei der Meilensteindefinition ist zu beachten, daß es nicht zu einer inflationären Handhabung kommt – plötzlich ist alles meilensteinverdächtig! Der Meilensteinplan ist ein wirkungsvolles Instrument zur Ergebniskontrolle im Projekt. Das erfordert, daß mit dem Abschluß eines Meilensteines ein inhaltlich und qualitätsmäßig prüfbares Endprodukt vorliegt, z.B. ein Basisteil, ein Plan, eine Zeichnung, eine getestete Rezeptur, ein Softwareprogramm, Freigabe eines Arbeitspaketes, Systemüberprüfungen, Schnittstellenüberwachung usw.

Die Wertigkeit einzelner Projektmeilensteine ist von der Betrachtungsebene abhängig. Für den AP-Leiter haben seine Meilensteine höchste Priorität, während für den Gesamtprojektleiter ganz andere Meilensteine von Bedeutung sind.

Bei großen Projekten ist deshalb – analog der Außen- und Innenorganisation des Projektes (vgl. Bild 5.7), festzulegen, was z.B. vom Auftraggeber, Endproduktabnehmer, Gesamtprojektleiter, Teilprojektleiter usw. zu kontrollierende Meilensteine sind.

Instrumentell werden Meilensteine in entsprechenden Meilensteintabellen oder Balkendiagrammen dargestellt. Mittlerweile gibt es hierzu sehr gut geeignete PC-Software, z.B. MS Project, mit der Meilenstein-Balkendiagramme erstellt werden können.

Aufgabe des Projektleiters ist es, eine durchgängige Anwendung der Meilensteinplanung auf allen Projektebenen sicherzustellen.

Der Projektleiter als Erfolgsfaktor

Da der Projektleiter ein Projektteam zum Erfolg führen soll, ist naturgemäß sein Führungsverhalten ein wichtiger Erfolgsfaktor. Prinzipiell gelten die bereits in Tabelle 2.6 im Rahmen des 3-F-Modells genannten Anforderungen an die Führungsleistung.

Was ist nun das Besondere in der Projekt-Teamführung? Projekt-Teamführung unterscheidet sich von der Führung in der Linie u.a. durch folgende Aspekte:

- Die Einmaligkeit der Aufgabe erzeugt mehr Ergebnisdruck. Scheitern oder Gelingen wird psychologisch viel eher personalisiert.
- Der Projektleiter ist meist kein Disziplinarvorgesetzter. Führung über Anordnung funktioniert nicht. Der Selbstverpflichtungsanteil der Mitarbeiter muß viel höher liegen, will man Erfolg haben.
- Es ist viel mehr soziale und methodische Kompetenz gefragt als Fachkompetenz.
- Der Projektleiter muß Teamplayer und vom «Team» als Arbeitsform restlos überzeugt sein.

So ist man sich denn weitestgehend darin einig, daß die Leistung eines Teams fast immer davon abhängt, wie gut es einem Projektleiter gelingt, «die Bilanz zu finden zwischen dem Bemühen, etwas selbst zu tun, und der Bereitschaft, es die anderen (Team-Mitglieder) tun zu lassen» [100].

» *Der Projektleiter muß ein Projekt führen, indem er Zielsetzung und Motivation in Sinne einer gemeinschaftlichen Arbeit allen Projektmitarbeitern vermittelt. In diesem Zusammenhang muß er eine Projektkultur für die Mitarbeiter schaffen bzw. weiterentwickeln [101].* «

In kaum einer Situation wird der kundenorientierte Prozeß von Führung so deutlich wie bei Projektarbeit. Projektleiter und Mitarbeiter stehen in einer von hoher Intensität geprägten Kunden-Lieferanten-Beziehung. Abhängigkeit und Gegenabhängigkeit heben sich nahezu auf.

Rollenerwartungen und Leiterverhalten

Die Rolle des Projektleiters ist mit vielfältigen Erwartungen verknüpft – ausgesprochenen und unausgesprochenen! Damit der Projektleiter nicht zum «Projektleider» wird, muß er sich über diese Erwartungen einerseits selbst im klaren sein, andererseits sich aber auch deutlich von Erwartungen abgrenzen, die nicht zu erfüllen sind.

Welche verschiedenen Facetten die Projektleiter-Rolle hat und was zur Klärung beiträgt, ist in Tabelle 5.1 aufgeführt.

Die Vielfalt der Rollenanforderungen macht schon deutlich, daß Projektleiter eine profunde Ausbildung für ihre anspruchsvolle Aufgabe benötigen. Dazu haben wir bereits in Kapitel 3 (vgl. Tabelle 3.2) entsprechende inhaltliche Vorschläge gemacht.

Damit Team und Teamleiter auf einen möglichst optimalen Wachstumspfad kommen, ist es wichtig, in den vier Team-Ent-

Facetten der Projektleiter-Rolle	**inhaltliche Erwartungen**	**Verhaltensweisen, Methoden, Instrumente zur Klärung der Erwartungen**
Ergebnismanager	Anforderungen des magischen Dreiecks bzgl. Qualität, Kosten und Terminen erfüllen	– geklärter Projektauftrag – Projektorganisationsplan – Einsatz von Projektmanagement-Methoden – Controlling-Instrumente anwenden
Koordinator	reibungsloses Zusammenspiel im Rahmen der inneren und äußeren Projekt-Struktur-Organisation	– Sitzungsmanagement – Moderationstechniken
Konfliktmanager	Konflikte produktiv lösen, konfliktoffene Atmosphäre schaffen	– Problemlösungs-Strategie nach 10-Stufen-Plan anwenden
Berater/ Coach/ Moderator	Team und Team-Mitglieder in Engpaßsituationen helfen	– richtigen Coaching-Stil nach Reifegrad des Teams wählen – Moderationstechniken anwenden
Team-Entwickler	Reifegrad des Teams in fachlicher und sozialer Hinsicht entwickeln helfen	– Phasenmodell der Teamentwicklung einsetzen – Prozeßbefähigungsmatrix – gezielter Einsatz von PTT
Motivator	Teamgeist entwickeln, hohe Leistungsbereitschaft aufbauen, ständig als Ansprechpartner verfügbar sein	– gezielte Feedback-Sitzungen – persönliche Motivationsgespräche
Außenpolitiker des Teams	Vertretung des Teams nach außen, zum Kunden, im Unternehmen usw.	– Präsentationstechnik/Moderationstechnik anwenden

Tabelle 5.1 Rollenerwartungen an den Projektleiter

wicklungsphasen von seiten des Projektleiters psychologisch angemessen zu reagieren. Dazu sollen die in Tabelle 5.2 aufgezeigten Verhaltensweisen dem Projektleiter behilflich sein.

Aufgabenbild des Projektleiters

Aus den vielfältigen Rollenerwartungen erwächst für die konkrete Teamführung eine ganz Reihe von Aufgaben, die vom Projektleiter wahrzunehmen sind. Natürlich hängt es auch hier von der Projektdimension und dem Entwicklungsstand der Projektarbeit im Unternehmen insgesamt ab, wie differenziert und intensiv einzelne Aufgaben zu erfüllen sind. Im Kern wird es jedoch immer um folgende Einzelaufgaben gehen:

- Mitarbeit in der Projektdefinitionsphase,
- geklärten Projektauftrag aushandeln,
- Planung, Steuerung und Koordination der Projektteam-Arbeit,
- Überprüfung und Planung der erforderlichen zeitlichen, materiellen und personellen Ressourcen und Verhandlungen darüber mit der Projektleitung oder den Linienvorgesetzten der Team-Mitglieder,
- Vernetzung und Koordinierung der Arbeit verschiedener Teilprojektteams inkl. notwendiger Verbesserungsmaßnahmen für das Gesamtprojekt,
- Auswahl der Projektmitglieder – soweit dies möglich ist – sowie Überprüfung und Veränderung der Teamzusammensetzung je nach Projektarbeitsstand,
- Klärung der Aufgaben, Befugnisse und Verantwortlichkeiten von Projektmitarbeitern, Teilprojektleiter, AP-Leiter,
- Delegation von Arbeitsaufträgen an Team-Mitglieder und/oder Teilprojektleiter,
- Ziel-Review mit dem Team durchführen und Aktivitätspläne entwickeln,

Teamphase	Verhalten des Projekt-Teamleiters
1. Orientierung	• Mit klarem Konzept und klaren Aussagen vor das Team treten. • Start nach Checkliste «Team-Fragen zum Start» durchführen. • Realistische Erwartungen setzen. • Team nicht auf schnelle Sachergebnisse in 1. Sitzung durchpeitschen. • Auf evtl. vorhandene Vor-Erfahrungen gegenüber Projektarbeit eingehen. • Spielregeln für Zusammenarbeit klären. • Klare Abgrenzungen von Rollenerwartungen an Projektleiter.
2. Konfrontation und Konflikt	• Hauptsächliche Aufgabe ist das Konflikt-Management nach dem 10-Stufen-Plan. • Teamleiter muß Basis-Kulturarbeit leisten. • Vereinbarungen über zukünftig anzuwendende Umgangsregeln treffen. • Teamleiter ist hier «Modell» für problemlösende Konfliktregelung. • Motivation für nächsten Arbeitsschritt schaffen.
3. Konsens, Kooperation, Kompromiß	• Teamprozeß als Moderator und Coach steuern. • Team-Mitglieder beteiligen und fordern. • Aufgabendelegation an Team wird deutlich erhöht. • Team muß Selbststeuerung eigenständig regeln. Je mehr leiterzentriert das Team in dieser Phase arbeitet, um so größer ist die Überlastung des Teamleiters durch Rückdelegation!
4. Integration und Wachstum	• Team erreicht seinen vollen «Reifegrad», so daß Teamleiter seine Rolle als Mitarbeiter im Team ausfüllen kann. • Leiter hält Team den Rücken frei. • Keine Einmischung in Detailarbeit des Teams. • Konsequente Weiterentwicklung des Teams in Richtung «Spitzenleistung».

Tabelle 5.2 Verhalten des Projekt-Teamleiters in verschiedenen Teamphasen

- □ ständigen Informationsfluß gewährleisten (Dokumentationssysteme, informelle Information, Meetings),
- □ Festlegung der Ablauforganisation im Projekt,
- □ Controlling des magischen Dreiecks (Termine, Kosten, Qualität),
- □ Einführung von Managementmethoden in die Projektarbeit,
- □ Führung des Teams durch fachliche und persönliche Vorbildfunktion,
- □ Motivation, Selbststeuerungsanteil und Eigenverantwortung der Team-Mitglieder entwickeln helfen,
- □ Teambesprechungen vorbereiten und effizient durchführen,
- □ im Rahmen des permanenten Team-Trainings (PTT) mit dem Team trainieren,
- □ Konfliktbearbeitung im Team und in der Außenorganisation,
- □ Kompetenzentwicklung einzelner Team-Mitglieder bzw. des Gesamtteams (Prozeß-Befähigungs-Matrix),
- □ Coaching in Engpaß-Situationen durchführen.

Wer die persönliche Herausforderung «Projektleiter» sucht, weiß nun, welche anspruchsvolle Aufgabe auf ihn wartet. In vielen Unternehmen sind deshalb Projekte die Prüfsteine in der Laufbahnplanung. Wer heute in höhere Managementebenen aufsteigen will, muß dafür die erfolgreiche Leitung (meist) mehrerer Projekte nachweisen können.

Verantwortungsbewußte Topmanager «verheizen» deshalb gute Nachwuchstalente nicht in Projekten, sondern bauen sie über Projekte mit steigendem Komplexitäts- und Anforderungsniveau auf.

Für den Projektleiter selbst ist es sinnvoll, sich anhand des vorgestellten Aufgabenbildes zunächst einmal dahingehend zu prüfen, inwieweit man den Anforderungen genügt und wo der persönliche Entwicklungsbedarf liegt.

Quellenverzeichnis

[1] KUHN, THOMAS, S.: *Die Struktur wissenschaftlicher Revolutionen.* Frankfurt a. M., 1978, vgl. S. 90 ff.

[2] TAYLOR, F. W.: *Prinicíples of scientific management.* New York, 1911.

[3] KOBI, J.-M.: *Management des Wandels.* 2. überarbeitete Auflage. Bern/Stuttgart/Wien, 1996, vgl. S. 13–20.

[4] DOPPLER, KLAUS; LAUTERBURG, CHRISTOPH: *Change Management.* Frankfurt/New York, 1994, vgl. S. 17–25.

[5] MÜLLER, UWE RENALD: *Schlanke Führungsorganisationen.* 2. aktualisierte Auflage. Planegg, 1996, vgl. S. 160.

[6] HAMMER, MICHAEL; CHAMPY, JAMES: *Business Reengineering.* Die Radikalkur für das Unternehmen. 3. Auflage. Frankfurt/New York, 1994, S. 23.

[7] WOMACK, JAMES, P.; JONES, DANIEL T.; ROOS, DANIEL: *Die zweite Revolution in der Autoindustrie.* Frankfurt/New York, 1992, S. 104.

[8] KATZENBACH, J. R.; SMITH, D. K.: *Teams. Der Schlüssel zur Hochleistungsorganisation.* Wien, 1993, S. 32.

[9] RISCH, S.; SOMMER, CHR.: Wo bitte geht's nach oben? *Manager-Magazin 11/96*, Seiten 302–316.

[10] DUMAINE, B.: *The trouble with teams.* Fortune 9/94, Seiten 86 ff.

[11] WIENDIECK, GERD: *Einführung in die Arbeits- und Organisationspsychologie.* Fernuniversität Hagen, 1993, S. 302.

[12] SPENCER, J.; PRUSS, A.: *Top Teams.* Der Königsweg zu mehr Flexibilität, Effizienz und Erfolg im Betrieb. München, 1995, vgl. S. 7–9.

[13] KINLAW, D. C.: *Spitzenteams.* Wiesbaden, 1993, vgl. S. 23–44.

[14] KATZENBACH, J. R., SMITH, D. K.: *Teams.* Der Schlüssel zur Hochleistungsorganisation. Wien, 1993. Vgl. insbesondere Kapitel 3, Seiten 68–95.

[15] ROSENSTIEL, LUTZ VON: Die Arbeitsgruppe. In: ROSENSTIEL, L. VON; REGNET, E.; DOMSCH, M. (Hrsg.): *Führung von Mitarbeitern.* 3. überarbeitete und erweiterte Auflage. Stuttgart, 1995, S. 350.

[16] SADER, MANFRED: *Psychologie der Gruppe*, 5. Auflage. Weinheim/München, 1996, vgl. S. 102–109.

[17] ZINK, K.J.; SCHICK, G.: *Quality Circles.* München/Wien, 1984.

[18] BUNGARD, WALTER; WIENDIECK, GERD (Hrsg.): *Qualitätszirkel als Instrument zeitgemäßer Betriebsführung.* Landsberg/Lech, 1986.

[19] BUNGARD, WALTER (Hrsg.): *Qualitätszirkel in der Arbeitswelt. Ziele, Erfahrungen, Probleme.* Göttingen/Stuttgart, 1992.

[20] LEAVITT, H. J.; LIPMAN-BLUMEN, J.: *Hot Groups – die Spezialteams.* Harvard Business Manager 4/1995, Seite 109.

[21] BECKER, M.; JÄGER, K.: *Teams müssen sich zusammenraufen.* Harvard Business Manager 4/1994, Seite 9.

[22] VETTER, ROLF; WIESENBAUER, LUDWIG: *Projektorientierte Unternehmensführung*, Controlling-Berater 5/96, Seiten 529–570.

[23] SCHWAGER, MARIO; HAAR, JENS J.: *Erfolgsstrategien für eine dynamische Organisation.* Projekt- und prozeßorientierte Unternehmensgestaltung. Freiburg i. Br., 1996.

[24] PFEIFFER, WERNER; WEISS, ENNO: *Lean Management.* Berlin, 1992.

[25] STÜRZL, WOLFGANG: *Lean Production in der Praxis.* Paderborn, 1992.

[26] BÖSENBERG, DIRK; METZEN, HEINZ: *Lean Management.* Vorsprung durch schlanke Konzepte. 2. Auflage. Landsberg/Lech, 1992.

[27] VOPEL, KLAUS W.: *Handbuch für Gruppenleiter/innen.* 7. Auflage. Salzhausen, 1994, vgl. S. 131–146.

[28] WEISBORD, MARVIN R.: *Organisationsdiagnose.* Ein Handbuch mit Theorie und Praxis. Karlsruhe-Goch, 1983, vgl. S. 19.

[29] LOMNITZ, GERO: Muß der Projektleiter auch Projektleider sein? *Agogik 2/89*, Seiten 5–33.

[30] DOPPLER, KLAUS; LAUTERBURG, CHRISTOPH: *Change Management.* Frankfurt/New York, 1994, Seite 45.

[31] MÜLLER, UWE RENALD: *Schlanke Führungsorganisationen.* 2. aktualisierte Auflage. Planegg, 1996, Seiten 112–113.

[32] WIMMER, RUDOLF: Die Zukunft von Führung. Brauchen wir noch Vorgesetzte im herkömmlichen Sinn? *Organisationsentwicklung 4/96*, Seite 54.

[33] DOPPLER, KLAUS; LAUTERBURG, CHRISTOPH: *Change Management.* Frankfurt/New York, 1994, Seite 44.

[34] FISCHER, T. M.: Sicherung unternehmerischer Wettbewerbsvorteile durch Prozeß- und Schnittstellenmanagement. *Zeitschrift für Organisation 5/1992*, Seite 314.

[35] IMAI, MASAAKI: *KAIZEN. Der Schlüssel zum Erfolg der Japaner im Wettbewerb.* München, 1991, S. 39.

[36] DOPPLER, KLAUS; LAUTERBURG, CHRISTOPH: *Change Management.* Frankfurt/New York, 1994, Seite 45.

[37] SCHWAGER, MARIO; HAAR, JENS J.: *Erfolgsstrategien für eine dynamische Organisation.* Projekt- und prozeßorientierte Unternehmensgestaltung. Freiburg i. Br., 1996, Seite 126.

[38] Dt. Institut für Normung e.V. (Hrsg.): *DIN ISO 8402 – Qualitätsmanagement und Qualitätssicherung; Begriffe.* Berlin, 1992, S. 25.

[39] ZINK, KLAUS J.: *TQM als integratives Managementkonzept.* München/ Wien, 1995, vgl. S. 47 f.

[40] SCHAAR, H.: Die ganzheitliche Unternehmensentwicklung unter den Aspekten des Total Quality Management. In: KAMISKE, GERD. F. (Hrsg.): *Die Hohe Schule des Total Quality Management.* Berlin/Heidelberg, 1994, Seite 67.

[41] OESS, ATTILA: *Total Quality Management.* Die Praxis des Qualitätsmanagements. Wiesbaden, 1989, vgl. S. 89–96.

[42] WIMMER, RUDOLF: Die Zukunft von Führung. Brauchen wir noch Vorgesetzte

im herkömmlichen Sinn? *Organisationsentwicklung 4/96*, Seiten 55–56.

[43] MÜLLER, UWE RENALD: *Schlanke Führungsorganisationen*. 2. aktualisierte Auflage. Planegg, 1996, Seite 72.

[44] TOMYS, A.-K.: Wertschöpfung als Wirkungsgrad von Geschäftsprozessen. In: KAMISKE, GERD. F. (Hrsg.): *Die Hohe Schule des Total Quality Management*. Berlin/Heidelberg, 1994, Seiten 223 f.

[45] FREHR, H.-U.: Die Qualität des Unternehmens – eine neue Dimension der Qualität. In: ZINK, KLAUS (Hrsg.), *Qualität als Managementaufgabe*. Landsberg/Lech, 1989, Seiten 126 f.

[46] IMAI, MASAAKI: *KAIZEN. Der Schlüssel zum Erfolg der Japaner im Wettbewerb*. München, 1991, Seiten 112 f.

[47] IMAI, MASAAKI: *KAIZEN. Der Schlüssel zum Erfolg der Japaner im Wettbewerb*. München, 1991, Seite 54.

[48] KENNGOTT, JÖRG: Projektsteuerung und Teamarbeit im mittelständischen Unternehmen. *Betonwerk + Fertigteil-Technik BFT 1/1996*. Wiesbaden: Bauverlag.

[49] Danfoss Antriebs- und Regeltechnik, Offenbach: unveröffentlichte Firmenunterlagen. (Mein besonderer Dank gilt dem Geschäftsführer K. Fröhlich für die freundliche Unterstützung.)

[50] NEUBERGER, OSWALD: *Führen und geführt werden*. 3. völlig überarbeitete Auflage, Stuttgart, 1990.

[51] FRANCIS, DAVE; YOUNG, DON: *Mehr Erfolg im Team*. Essen, 1982, S. 74.

[52] KATZENBACH, J. R.; SMITH, D. K.: *Teams. Der Schlüssel zur Hochleistungsorganisation*. Wien, 1993, Seite 178.

[53] DOPPLER, KLAUS; LAUTERBURG, CHRISTOPH: *Change Management*. Frankfurt/New York, 1994, Seite 54.

[54] LÜCK, HELMUT, E.: *Psychologie sozialer Prozesse*. 2. überarbeitete Auflage. Opladen, 1987, S. 184.

[55] HOFSTÄTTER, PETER, R.: *Gruppendynamik*. Die Kritik der Massenpsychologie. Hamburg, 1957, S. 130.

[56] WIMMER, RUDOLF: Die Zukunft von Führung. Brauchen wir noch Vorgesetzte im herkömmlichen Sinn? *Organisationsentwicklung 4/96*, Seite 54.

[57] BAY, ROLF H.: *Zielorientiert führen*. Grundlagen des Zielmanagements für Führungskräfte. Würzburg: Vogel Buchverlag, 1994, S. 133.

[58] BÖNING, UWE: *Moderieren mit System*. Wiesbaden, 1991.

[59] KLEBERT, K.; SCHRADER, E.; STRAUB, W. G.: *Kurz-Moderation*. Hamburg, 1985.

[60] BAY, ROLF H.: *Zielorientiert führen*. Grundlagen des Zielmanagements für Führungskräfte. Würzburg: Vogel Buchverlag, 1994. Vgl. insbesondere Kapitel 4, Seiten 131–155.

[61] MEYERSEN, KLAUS: *Die moderierte Gruppe. Hierarchiefreie Kommunikation im Unternehmen – Erfahrungen aus der Praxis*. Frankfurt/New York, 1992, S. 18.

[62] CZICHOS, REINER: *Coaching = Leitung durch Führung*. München/Basel, 1991.

[63] LOOSS, WOLFGANG: *Coaching für Manager*. Problembewältigung unter vier Augen. 3. Auflage. Landsberg/Lech, 1993, S. 39.

[64] LOOSS, WOLFGANG: *Coaching für Manager*. Problembewältigung unter vier Augen. 3. Auflage. Landsberg/Lech, 1993, Seite 39.

[65] LOOSS, WOLFGANG: *Coaching für Manager*. Problembewältigung unter vier Augen. 3. Auflage. Landsberg/Lech, 1993, Seite 160.

[66] DOPPLER, KLAUS; LAUTERBURG, CHRISTOPH: *Change Management*, Frankfurt/New York, 1994, Seite 107.

[67] LOOSS, WOLFGANG: *Coaching für Manager*. Problembewältigung unter vier Augen. 3. Auflage. Landsberg/Lech, 1993, Seite 151.

[68] HAMANN/HUBER: *Coaching*. Der Vorgesetzte als Trainer. Darmstadt, 1991, S. 6.

[69] BUCHNER, DIETRICH: Team-Coaching: «Zielorientierte Team-Ressourcen-Programmierung TRP». In: BUCHNER, DIETRICH (Hrsg.): *Team-Coaching*. Wiesbaden 1994, Seite 13.

[70] BAY, ROLF H.: *Erfolgreiche Gespräche durch aktives Zuhören*. 2. Auflage. Renningen, 1995, S. 7–26.

[71] BLANCHARD, K.; CAREW, D.; PARISI-CAREW, E.: *Der Minuten-Manager schult Hochleistungs-Teams*. 1. Auflage, Reinbek, 1992, S. 77 ff.

[72] COMELLI, GERHARD: Qualifikation für Gruppenarbeit: Teamentwicklungstraining. In: ROSENSTIEL, L. VON; REGNET, E.; DOMSCH, M. (Hrsg.): *Führung von Mitarbeitern*. 3. überarbeitete und erweiterte Auflage. Stuttgart, 1995, Seite 389.

[73] COMELLI, GERHARD: *Training als Beitrag zur Organisationsentwicklung*. München/Wien, 1985, vgl. S. 367.

[74] Unveröffentlichte Unterlagen der GdF Wüstenrot, Direktion Süd. (Mein besonderer Dank gilt Herrn Direktor Freudenstein für die freundliche Genehmigung zur Veröffentlichung.)

[75] IMAI., MASAAKI: *KAIZEN. Der Schlüssel zum Erfolg der Japaner im Wettbewerb*. München, 1991, Seiten 102 f.

[76] SUZAKI, K.: *Modernes Management im Produktionsbetrieb*. München/Wien, 1989, S. 61–65.

[77] FRIELING, E.; WÄCHTER, J.: Lean Management und Qualifizierung. In: BUNGARD, W., (Hrsg.): *Lean Management auf dem Prüfstand*. Weinheim, 1995. Seite 148.

[78] BAY, ROLF H.: *Zielorientiert führen*. Grundlagen des Zielmanagements für Führungskräfte. Würzburg: Vogel Buchverlag, 1994, Seite 99.

[79] MALORNY, CHRISTIAN: *TQM umsetzen*. Der Weg zur Business Excellence. Stuttgart, 1996, S.375.

[80] PEINER, WERNER: Mit kontinuierlichen Verbesserungen die Leistungen steigern. *Blick durch die Wirtschaft 2.9.96*, Seite 9.

[81] DEMING, W. E.: *Out of the Crisis*. MIT Center for Advanced Engineering Study, Cambridge/Mass., 1986, Seite 88.

[82] SENGE, P. M.: *The Fifth Discipline*. The Art and Practice of the Learning Organization. New York, 1990.

[83] KOCH, ULRICH: *Teamentwicklung im Unternehmen: Ansätze, Prozesse und Probleme eines gruppenorientierten Lernkonzeptes*. Frankfurt am Main/Bern/New York, 1983, S. 58.

[84] KOCH, ULRICH: *Teamentwicklung im Unternehmen: Ansätze, Prozesse und*

Probleme eines gruppenorientierten Lernkonzeptes. Frankfurt am Main/Bern/New York, 1983, Seite 59.

[85] SCHWÄBISCH, LUTZ; SIEMS, MARTIN: *Anleitung zum sozialen Lernen für Paare, Gruppen und Erzieher*. Reinbek bei Hamburg, 1980, S. 63–72.

[86] KIRSTEN, RAINER, E.; MÜLLER-SCHWARZ, JOACHIM: *Gruppen-Training*. Reinbek bei Hamburg, 1977.

[87] VOPEL, KLAUS, W.: *Interaktionsspiele, Teil 2*. Hamburg, 1978, S. 30–33.

[88] BERKEL, KARL: *Konfliktttraining*. Heidelberg, 1985, vgl. S. 43–45.

[89] BAECKER, DIRK: *Postheroisches Management*. Berlin, 1994, S. 26 f.

[90] MEES, J.; OEFNER-PY, S.; SÜNNEMANN, K.-O.: *Projektmanagement in neuen Dimensionen*. 2. Auflage. Wiesbaden, 1995, vgl. S. 33.

[91] BLAZEK, A.: *Projekt-Controlling*. Starnberg, 1991, S. 96.

[92] MEES, J.; OEFNER-PY, S.; SÜNNEMANN, K.-O.: *Projektmanagement in neuen Dimensionen*. 2. Auflage. Wiesbaden, 1995, Seite 43.

[93] HEINTEL, PETER; KRAINZ, EWALD E.: *Projektmanagement*. Eine Antwort auf die Hierarchiekrise? 2. Auflage. Wiesbaden, 1990, S. 90.

[94] LOMNITZ, GERO: Muß der Projektleiter auch Projektleider sein? *Agogik 2/89*, Seiten 11 f.

[95] MADAUSS, BERND J.: *Handbuch Projektmanagement*. 4. Auflage. Stuttgart, 1991, S. 80.

[96] HEINTEL, PETER; KRAINZ, EWALD E.: *Projektmanagement*. Eine Antwort auf die Hierarchiekrise? 2. Auflage. Wiesbaden, 1990, Seite 29.

[97] MADAUS, BERND J.: *Handbuch Projektmanagement*. 4. Auflage. Stuttgart, 1991. Insbesondere Kapitel IX, Seiten 165–234.

[98] HEEG, FRANZ-JOSEF: *Projektmanagement:* Grundlagen der Planung und Steuerung von betrieblichen Problemlösungsprozessen. 2. Auflage. München/Wien, 1993.

[99] MADAUS, BERND J.: *Handbuch Projektmanagement*. 4. Auflage. Stuttgart, 1991. Seiten 200 f.

[100] KATZENBACH, J. R.; SMITH, D. K.: *Teams*. Der Schlüssel zur Hochleistungsorganisation. Wien, 1993, Seite 175.

[101] SCHWAGER, MARIO; HAAR, JENS J.: *Erfolgsstrategien für eine dynamische Organisation*. Projekt- und prozeßorientierte Unternehmensgestaltung. Freiburg i. Br., 1996, Seite 486.

Stichwortverzeichnis

MOTIVATION

Rolf H. Bay

Motivation für Profis

160 Seiten, 150 Bilder
1. Auflage 1998
ISBN 3-8023-**1765**-3

„Ein treffender Aphorismus spießt die Wahrheit auf, ohne sie zu beschädigen." (Carl Merz). 150 solcher „Wahrheiten" von A wie „Absicht" bis Z wie „Zweifel" dienen der Motivation für die tägliche Arbeit ebenso wie dem Einstieg in Seminare, Vorträge und Präsentationen. Aus dem reichen Fundus des seit nunmehr zehn Jahren erfolgreichen Motivationskalenders hat der Autor Dr. Rolf H. Bay die besten Bonmots zusammengestellt. Kommentiert von der sympathischen Figur des Profi, die der bekannte Grafiker Professor Jürgen Rieckhoff geschaffen hat, werden die Aphorismen dem Führungsalltag gerecht. Da Profi ein von Grund auf positiv denkender Typ ist, hat er selbst mit vorlauten Bemerkungen nur ein Ziel: die Anregung, auf die eigenen Kräfte zu bauen und den Alltag positiv gestaltend anzugehen. Der praktische Gebrauchswert des Buches wird durch die besondere Bindung gehoben: Es ist kein Problem, die einzelnen Seiten auf den Kopierer zu legen und damit Impuls-Folien für die nächste Besprechung zu erstellen.

VOGEL

Vogel Buchverlag, 97064 Würzburg
Telefon (09 31) 4 18-24 19, Telefax (09 31) 4 18-26 60
http://www.vogel-medien.de/buch

01179-048

Vogel Fachbuch – das praxisorientierte Fachwissen